Tina Kresse, Susanne McCafferty

# Willkommen in Deutschland II

## Deutsch als Zweitsprache

Das Übungsheft

Name: ______________________

D1849247

Klasse: ____________

| Thema | Seiten | Datum | War das ...? |
|---|---|---|---|
| Vorstellung, Herkunftsland | 4 – 8 | | ☺ 😐 ☹ |
| Essen und Trinken | 9 – 18 | | ☺ 😐 ☹ |
| Einkaufen | 19 – 23 | | ☺ 😐 ☹ |
| Zu Hause | 24 – 36 | | ☺ 😐 ☹ |
| Das Wetter | 37 – 40 | | ☺ 😐 ☹ |
| Der Jahreskreis | 41 – 49 | | ☺ 😐 ☹ |
| Die Uhrzeit | 50 – 52 | | ☺ 😐 ☹ |
| Verkehrsmittel | 53 – 56 | | ☺ 😐 ☹ |
| Sport | 57 – 59 | | ☺ 😐 ☹ |
| Hobby und Freizeit | 60 – 63 | | ☺ 😐 ☹ |
| Zusammenfassung | 64 | | ☺ 😐 ☹ |

Mildenberger

# Inhalt

Das Übungsheft „Willkommen in Deutschland – Deutsch als Zweitsprache“ baut auf den im Heft I erarbeiteten Inhalte auf und führt diese weiter. Das Sprechen und das Sprachhandeln steht weiterhin im Mittelpunkt. Über das Erlernen von Nomen und Verben hinaus werden vorwiegend Satzphrasen, Fragestellungen und die verschiedenen Deklinationen und Konjugationen eingeführt. Neben dem Infinitiv erfahren die Kinder intuitiv und bewusst die Zeitformen des Präsens in allen Personen sowie die Verwendung der Nomen in Akkusativ und Dativ-Sätzen. Dazu wird zum Teil das im mündlichen Sprachgebrauch übliche Perfekt verwendet, das es den Kindern ermöglicht, die erlernten Formen sofort anzuwenden. Die Einführung der Nomen und Verben erfolgt in Sinnzusammenhängen, sodass die erfahrenen und erlernten Sätze schnell in der Praxis Anwendung finden können.

Der Einsatz des Übungsheftes „Willkommen in Deutschland“ ist unabhängig von Zeitpunkt, Alter oder Schuljahr der Schülerinnen und Schüler. Die Hefte I und II werden nacheinander im Lerntempo der Kinder bearbeitet. Schülerinnen und Schüler der Klassenstufen 2 bis 6 können das Material verwenden.

Damit die Kinder beim selbstständigen Arbeiten die Wörter und Sätze richtig aussprechen können, liegt die Wörterliste als Hörangebot vor unter:
**www.das-uebungsheft.de/1401-62**

**Verwendung als gemeinsames Unterrichtsmaterial**

- Die Themen können mithilfe der Mini-Comics, der dargestellten Situationen oder der Einzelbilder zusammen im Unterricht erarbeitet werden. Durch reale Gegenstände, durch besuchte Orte oder durch Bildmaterial (z.B. „...richtig so!“) wird der Wortschatz veranschaulicht und geübt. Die Lösungen können entweder gemeinsam eingetragen oder besprochen und dann von den Kindern selbstständig ausgefüllt werden.
- Die Kinder erarbeiten sich in Partner- oder Kleingruppenarbeit die Geschichten und Situationen selbst. Gemeinsam finden sie die Lösungen, tragen sie ein und überprüfen mithilfe der Lösungsseiten. Der Wortschatz kann mit der Wörterliste und bezüglich der Aussprache mit dem Hörangebot kontrolliert werden unter:
  **www.das-uebungsheft.de/1401-62**

**Verwendung als selbsterklärendes Differenzierungsmaterial**

Die Wörter und Wendungen werden im Übungsheft mithilfe von Bildern und Mini-Comics eingeführt und erläutert. Dann werden sie von den Kindern geschrieben. Dies können viele Kinder vollkommen selbstständig und im eigenen Rhythmus erledigen.

Drei weitere Differenzierungen sind möglich:

- Die Inhalte werden zuvor im Unterricht erarbeitet. Die Kinder tragen dann die Lösungen selbstständig ein und kontrollieren mithilfe der Lösungsseiten.
- Die Kinder lesen zunächst die Lösungen. Dann legen sie diese beiseite und bearbeiten schriftlich die Aufgaben – und überprüfen wieder mit den Lösungen.
- Die Kinder übertragen die Lösungen direkt in ein Übungsheft. Danach üben sie mit einem zweiten Heft, in dem sie selbstständig arbeiten.

**Der farbige Silbentrenner beim Lesen und Schreiben**

Silben sind die Bausteine der deutschen Wörter. Die zweifarbige Markierung in blau / rot macht die Struktur der deutschen Schrift sichtbar. Das erleichtert das Lesen und das Leseverständnis. Um das richtige Schreiben von Anfang an zu unterstützen, sollten die Kinder auch in zwei Farben schreiben. Weitere Informationen zur Silbenmethode unter:
**www.silbenmethode.de**

**Farbliche Hinterlegung der Artikel**

Die Artikel folgen im Deutschen keiner Regel. Damit sie von Anfang an gemeinsam mit dem Nomen erlernt werden, sind sie im Nominativ in den Übungsheften farblich unterlegt, ebenso die Possessivpronomen und die unbestimmten Artikel (siehe Beilage). Es empfiehlt sich Gegenstände im Klassenzimmer, verwendete Wortkärtchen oder Realmaterial mit Klebepunkten in den drei Farben zu kennzeichnen. Dadurch prägt sich der passende Artikel im Unterbewusstsein ein. An geeigneten Stellen sind Artikel im Akkusativ, die geschrieben werden sollen, fett markiert oder farbig unterstrichen.

**Weitere Markierungen**

Da die Kinder über unterschiedlich entwickelte Spracherwerbsstrategien verfügen, werden systematisch Regelmäßigkeiten (z.B. bei Verben die Personalendungen) so kenntlich gemacht, dass die Schülerinnen und Schüler, die bereits bewusst die deutsche Sprache lernen auch die für sie notwendige Unterstützung erhalten. Noch intuitiv-imitativ lernende Kinder können auf ihre Weise lernen, da sie durch nützliche Redewendungen und den benötigten Wortschatz schnell sprechen und interagieren können.

**Wortschatz**

Das Übungsheft „Willkommen in Deutschland – Deutsch als Zweitsprache“ vermittelt einen sehr großen Wortschatz, der die Anforderungen aller Lehrpläne für Deutsch als Zweitsprache beinhaltet. Die Übungshefte unterstützen auch Kinder, die bereits deutsch sprechen können, aber noch Probleme bei der korrekten Verwendung und der schriftlichen Umsetzung haben.

**Motivation und Reflexion**

Nach jeder Seite, die die Kinder erfolgreich bearbeitet haben (Selbstkontrolle oder Überprüfung durch die Lehrperson) dürfen sie als Belohnung den Sticker der entsprechenden Seite auf die richtige Stelle im Wimmelbild am Ende des Heftes kleben. Zum Schluss können mithilfe des ganzen Bildes die Fragen auf Seite 64 beantwortet werden.

Am Ende jedes Kapitels reflektieren die Kinder ihren Spracherwerb: In die Tabelle auf Seite 1 tragen Sie das Datum der „Vollendung“ ein und überlegen, ob diese Seiten für sie (jeweils mit dem Smiley) einfach, mittelmäßig oder schwierig waren.

**Beilagen zum Herausnehmen**

- Lösungsheft
- Stickerbogen
- Wörterliste mit Online-Hörangeboten:
  **www.das-uebungsheft.de/1401-62**

**1**

Lisa ist aus Deutschland. Sie **wohnt** in Neustadt.

Sophie **ist** aus Deutschland. **Sie** __________________ **auch** in Neustadt.

Diana _________ aus Polen. _________ ________________ _____________ in Neustadt.

Aisha _________ aus dem Iran. _________ ________________ _____________ in Neustadt.

Anna _________ aus Schottland. _________ ________________ _____________ in Neustadt.

Leyla _________ aus der Türkei. _________ ________________ _____________ in Neustadt.

Karia _________ aus Pakistan. _________ ________________ _____________ in Neustadt.

Maria _________ aus Georgien. _________ ________________ _____________ in Neustadt.

**2**

Peter ist aus Deutschland. Er **wohnt** in Neustadt.

Jakob **ist** aus Israel. **Er** __________________ **auch** in Neustadt.

David _________ aus Russland. _________ ________________ _____________ in Neustadt.

Ioannis _________ aus Griechenland. _________ ________________ _____________ in Neustadt.

Paul _________ aus Rumänien. _________ ________________ _____________ in Neustadt.

Joshua _________ aus Amerika. _________ ________________ _____________ in Neustadt.

Michael _________ aus Schottland. _________ ________________ _____________ in Neustadt.

Buruk _________ aus Eritrea. _________ ________________ _____________ in Neustadt.

**1**

Das ist Lisa aus ____Deutschland____.

**Das ist** __ihr__ ____Hase____.

_____ _____ Anna aus ______________________.

_____ _____ ihre ______________.

_____ _____ Aisha aus dem ______________.

_____ _____ _____ ______________________.

_____ _____ Diana aus ______________.

_____ _____ _____ ______________.

_____ _____ Karia aus ______________.

_____ _____ _____ ______________.

**2**

**Das ist** Jakob aus ______________.

_____ _____ seine ______________________.

_____ _____ David aus ______________________.

_____ _____ sein ______________.

_____ _____ Ioannis aus ______________________.

_____ _____ _____ ______________________.

_____ _____ Paul aus ______________.

_____ _____ _____ ______________________.

_____ _____ Joshua aus ______________.

_____ _____ _____ ______________.

**3**

_____ _____ Leyla aus der ______________.

Sie hat **kein Tier**.

**1**

Guten Morgen. Wie heißt du?

Guten Morgen.
Ich heiße ________________.

Woher kommst du?

Ich komme aus ____Israel____.

Wo wohnst du?

Ich wohne in ________________.

Hast du ein Tier?

Ja, ich habe eine ________________.

**2**

________ ____________.
______ ________ ______?

________ ________.
______ ________ ________.

________
________ ______?

______ ____________
______ der ________.

______ ________ ______?

______ ________ ______
________________.

________ ______
________ ______?

Nein, ich habe ______ ______.

**3**

Wie heißt du?

________________________________________________.

Woher kommst du?

________________________________________________.

Wo wohnst du?

________________________________________________.

Hast du ein Tier?

________________________________________________.

**1**

Hallo Lisa. Kommst du aus Deutschland?

Wohnst du in Neustadt?

Ja. Ich ________ ________________
________ ________________.

Ja. ________ ________________
________ ________________.

Hallo, Peter. ________________
________ ________ Deutschland?

________ ________ Neustadt?

________. ________ ________________
________ ________________.

________. ________ ________________
________ ________________.

**2**

Hallo, Buruk. ________________
________ ________ Deutschland?

________________ ________
________ Berlin?

Nein. ________ ________________
________ ________________.

Nein. ________ ________________
________ ________________.

Hallo, Aisha. ________________
________ ________ Deutschland?

________________ ________
________ Berlin?

________. ________ ________________
________ dem ________________.

________. ________ ________________
________ ________________.

**3**

Hallo. Kommst du aus Deutschland?

________. ________________________________________.

Wohnst du in Neustadt?

________. ________________________________________.

**1**

**2**

_____ _____ _____ _____ _____, Joshua?

Ich wohne in der Blumenstraße.

_____ _____ _____ _____ _____?

Mein Haus hat die Hausnummer 8.

_____ _____ _____ _____ _____?

Ich gehe in die Regenbogenschule.

**3**

In welcher Straße wohnt ihr, Anna und Michael?

_____ _____ _____ Einsteinweg.

Welche Hausnummer hat euer Haus?

_____ _____ _____ _____ _____ 12.

In welche Schule geht ihr?

_____ _____ _____ _____ _____.



Adresse, Possessivpronomen, Verben: 2. Person Singular / 1. Person Plural, Fragewörter: welche, welcher

1

2

 ______ _ _ _ _ _ _ _ _

 ______ _ _ _ _ _ _ _ _ _ _ _ _ _

 ______ _ _ _ _ _ _

 e _ _ _ _

3

Es gibt ________________.

Aisha **möchte** ________________ mit ________________________________ essen.

Ioannis ________________ auch ________________ mit ________________________ essen.

Jakob ____________ ______ __________ ______ ____________ ____________.

Joshua ____________ __________ __________ ____________.

Michael ____________ ________________ ______ ____________________________,

______ __________ ______ ____________ ______ __________ __________ ____________.

# Was trinkst du?

**1**

**2**

 die _ _ _ _ _

 ______ _ _ _ _ _

 ______ _ _ _ _

 ______ _ _ _ _ _ _ _

**3**

 ______ _ _ _ _ _ _ _ _ _ _ _

 ______ _ _ _ _ _ _ _ _ _

 ______ _ _ _

 ______ _ _ _ _ _ _

 ______ _ _ _ _ _

 ______ _ _ _ _ _

 ______ _ _ _ _ _ _ _ _

 ______ _ _ _ _ _ _

**4**

Lisa trinkt **den** Orangensaft.

Anna trinkt ______ ______.

Diana trinkt ______ ______.

Ioannis trinkt **die** Milch. ⚠

Michael trinkt **das** Wasser. ⚠

Der Vater trinkt ______ ______.

Die Mutter trinkt ______ ______.

Jakob trinkt ______ ______.

**1**

Mmm, der Kakao **schmeckt gut**.

Mmm, der Kaffee **riecht gut**.

**2**

Mmm, der Salat ___________ ____.

Mmm, der Tee _________ ____.

**3**

Was möchtest du trinken?

Ich **möchte** ein Glas Limonade **trinken**.

____ ______ ____ ______ Milch ______.

______ ______ eine Tasse Tee ______.

____ ______ ____ ______ Kakao ______.

**4**

Paul, **möchtest du** ein Glas Limonade **trinken**? — Ja, bitte.

Sophie, ______ ____ eine Tasse Kakao ______? — ____, ______.

Peter, möchtest du einen Salat **essen**? — Nein, danke.

Lisa, ______ ____ ein Brot mit Käse ______? — ____, ______.

**5**

Was möchtest du trinken?

______________________________________________

1

Ich möchte bitte eine Orange und eine Ananas.
Ich mag keine Orangen und ich mag keine Ananas.
Was möchtest du?
Ich möchte eine Kirsche und eine Erdbeere.
Im Herbst gibt es keine Kirschen und keine Erdbeeren. Möchtest du eine Birne?
Nein, ich mag keine Birnen.
Möchtest du eine Traube und eine Zitrone?
Nein, ich mag keine Trauben und keine Zitronen.
Möchtest du einen Apfel und eine Banane?
Ja, ich mag Äpfel und ich mag Bananen. Gute Idee, Joshua!

2

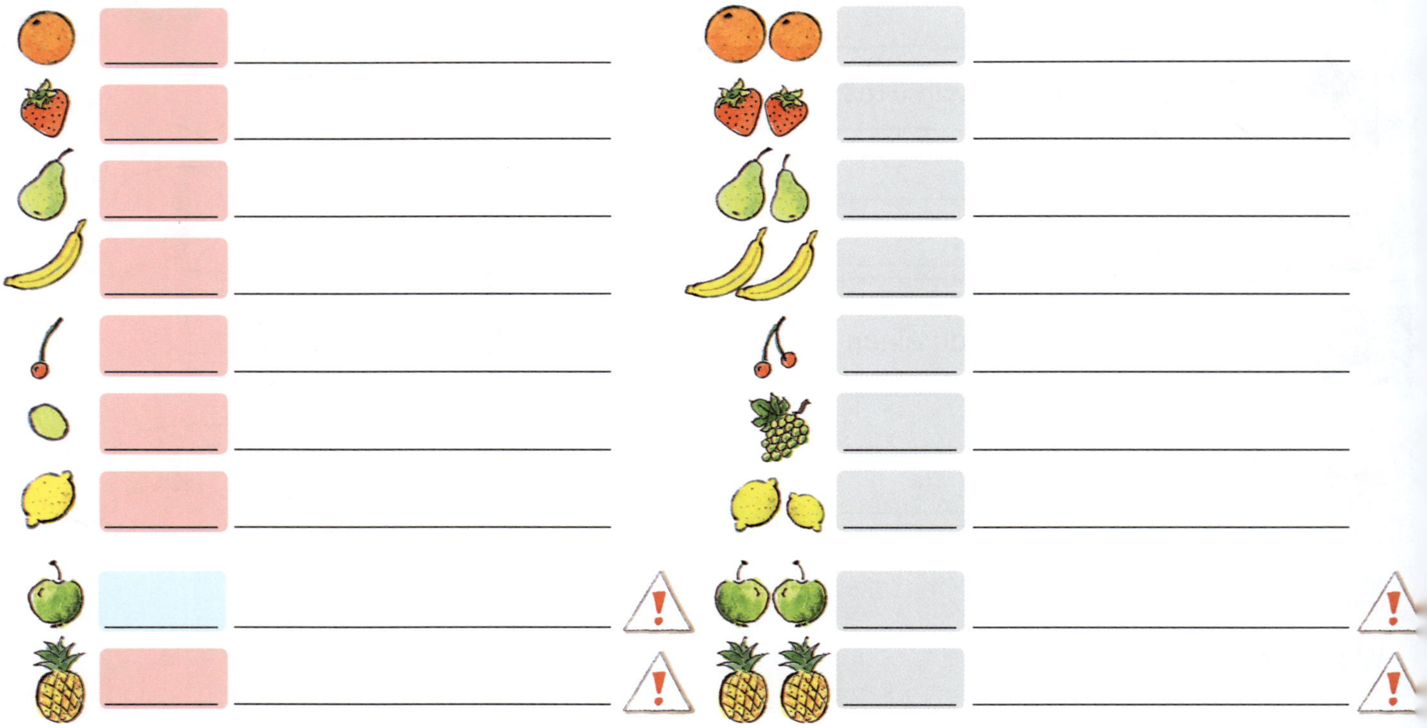

**1**

**2**

| | |
|---|---|
| die B o h n e | die B o h n e n |
| die _ _ _ _ _ _ _ | die _ _ _ _ _ _ _ _ |
| die _ _ _ _ _ _ _ _ _ | die _ _ _ _ _ _ _ _ _ _ |
| die _ _ _ _ _ _ _ | die _ _ _ _ _ _ _ _ |
| die _ _ _ _ _ _ | die _ _ _ _ _ _ _ |
| die _ _ _ _ _ | die _ _ _ _ _ _ |

**3**

| | |
|---|---|
| der _ _ _ _ _ _ | der _ _ _ _ |
| der _ _ _ _ _ _ _ _ _ _ | der _ _ _ _ _ _ _ _ _ |
| der _ _ _ _ | der _ _ _ _ _ _ _ |

**4**

Lisa **mag gerne** Zwiebeln. Sie **mag keinen** Blumenkohl.

Sophie ________ ________ ________.

Sie ________ ________ ________.

**5**

Joshua mag gerne Kohl. Er **mag keine** ________.

Peter ________ ________ ________.

Er ________ ________ ________.

# Wie ist das Obst? Wie ist das Gemüse?

1

süß | sauer | bitter | scharf | saftig | gut | schlecht

2

 ______ Erdbeere ist _ _ _ . 

 ______ ______________ ______ _ _ _ _ _ _ _. 

 ______ ______________ ______ _ _ _ _ _ _ _. 

 ______ ______________ ______ _ _ _ _ _ _ _. 

 ______ ______________ ______ _ _ _ _ _ _. 

3

die Kiwi | die Melone | der Pfirsich | die Pflaume | die Nektarine

4

Die K i w i ist süß und sauer und saftig.

______ _ _ _ _ _ _ _ ______ s______ ______ s__________.

______ _ _ _ _ _ _ _ _ ______ s______ ______ s__________.

______ _ _ _ _ _ _ _ ______ s______ ______ s__________ ______ s__________

______ _ _ _ _ _ _ _ _ _ _ ______ s______ ______ s__________.

5

 Die Birne **ist gut**.

 Die Birne **ist schlecht**.

 Die Kirsche ______ ________.

 Die Kirsche ______ ____________.

 Die Tomate ______ ________.

 Die Tomate ______ ____________.

 Die Kartoffel ______ ________.

 Die Kartoffel ______ ____________.

1

2

Aisha, schälst du das Obst? — Ja, ich schäle.

Paul, ________________ du das Gemüse? — ______, ______ ______________.

Diana, schneidest ____ ______ __________? — ______, ______ schneide.

Jakob, ________________ _____ ______ ______________? — ______, ______ ______________.

Anna, rührst ______ den Kuchen? — ______, ______ ______________.

Peter, ______________ ______ die Suppe? — ______, ______ ______________.

Lisa, ______________ _____ ______ ______________? — ______, ______ ______.

David, ______________ _____ ______ ______________? — ______, ______ ______.

**1**

Frühstück bei Lisa

Müsli

Marmelade

Honig

Brötchen

Butter

Zucker

______ B _ _ _ _ _ _ _  ______ M _ _ _ _  ______ M _ _ _ _ _ _ _ _

______ Z _ _ _ _ _  ______ H _ _ _ _  ______ B _ _ _ _ _

**2**

Mittagessen bei Diana

Reis

Pfeffer

Ei

Fleisch

Salat

Salz

______ P _ _ _ _ _ _  ______ R _ _ _  ______ S _ _ _

______ F _ _ _ _ _ _  ______ S _ _ _ _  ______ E _

**3**

Abendessen bei Paul

Brot

Joghurt

Obst

Quark

Käse

Wurst

______ J _ _ _ _ _ _  ______ Q _ _ _ _  ______ K _ _ _

______ B _ _ _  ______ W _ _ _ _  ______ O _ _ _

**4**

Zum Frühstück **isst** Anna ______________ mit ______________.

Zum ______________ ______ Leyla ______________ mit ______.

Zum ______________ ______ David ______________ mit ______________.

**1**

**2**

| | |
|---|---|
| die Tischdecke | die Tischdecken |
| _____ _ _ _ _ _ | _____ _ _ _ _ _ _ |
| _____ _ _ _ _ _ | _____ _ _ _ _ _ _ |
| _____ _ _ _ _ _ _ _ _ | _____ _ _ _ _ _ _ _ _ _ |
| _____ _ _ _ _ | _____ _ _ _ _ _ _ |
| _____ Löffel | _____ _ _ _ _ _ _ ! |
| _____ Messer | _____ _ _ _ _ _ _ ! |
| _____ Teller | _____ _ _ _ _ _ _ ! |

**3**

Lisa fragt: „Frühstücken wir gemeinsam?“

Aisha legt die ____________ auf ______ ____________.

Sophie und Diana ____________ ______ ____________, ______ ____________ ______ ______ ____________ ______ ______ ____________.

Anna stellt ______ ____________ ______ ______ ____________.

Peter und Joshua ____________ ______ ____________ ______ ______ ____________.

Jakob und Michael ____________ ______ ____________ ______ ______ ____________ ______ ______ ____________.

**1**

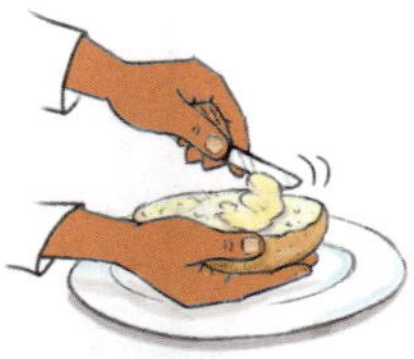

decken | bestreichen | belegen | einschenken | abräumen

**2**

Wer deckt den Tisch? — Ich decke ______ ______.

______ bestreicht die Brötchen? — Ich ______ ______ ______ ______.

______ belegt die Brote? — ______ ______ ______ ______.

______ schenkt den Tee ein? — ______ ______ ______ ______ ______.

______ räumt den Tisch ab? — ______ ______ ______ ______ ______.

**3**

Deckst du den Tisch, Anna? — Nein, Karia deckt den Tisch.

B______ du die Brötchen, Joshua? — Nein, Maria ______ die Brötchen.

B______ du die Brote, Anna? — Nein, Lisa ______ die Brote.

S______ du den Tee ein, Sophie? — Nein, Paul ______ den Tee ein.

R______ du den Tisch ab, Peter? — Nein, Buruk ______ den Tisch ab.

1

2

Guten Tag.

______ ______ ______
______ ______ ______.

______ ______.

______. ______ ______
______ ______ ______?

______, ______.
______ ______ ______?

______ ______ ______ ______.

______, ______ ______.

______ ______.
______ ______.

______ ______.

3

 ein Stück

 zwei Stücke

______ ______  ______ ______  ______ ______

# Gehen wir einkaufen?

**1**

**2**

das Schuhgeschäft

Schuhe

die Metzgerei

______________ ______________

die Bäckerei

______________ ______________

das Buchgeschäft

______________

das Blumengeschäft

______________

das Spielwarengeschäft

______________

das Schreibwarengeschäft

______________

die Bank

______________

**3**

______ Buch kaufen wir **im** ______________________________.

______ Schulsachen kaufen wir __________ ______________________________.

______ Spielsachen **kaufen** wir __________ ______________________________.

______ Schuhe ______________ wir __________ ______________________________.

______ Blumen ______________ wir __________ ______________________________.

______ Fleisch und ______ Wurst ______________ wir **in der** ______________________________.

______ Brot und ______ Brötchen ______________ wir **in der** ______________________________.

______ Geld holen wir **in der** ____________________.

**1**

 Waage  Korb  Geld  Geldbeutel

 Einkaufstasche  Kasse  Bonbons  Schokolade

**2**

_____ W _ _ _ _    _____ K _ _ _    _____ G _ _ _ _ _ _ _ _ _

_____ E _ _ _ _ _ _ _ _ _ _ _ _ _    _____ B _ _ _ _ _ _

_____ S _ _ _ _ _ _ _ _ _    _____ G _ _ _    _____ K _ _ _ _

**3**

 einkaufen  abwiegen  bezahlen

**4**

**5**

Ich _ _ _ _ _ _ _____. Ich _ _ _ _ _ _ _____. Ich _ _ _ _ _ _ _ _.

**6**

 ______________ Obst  ______________ Gemüse

1

2

200 € Diese Jeans sind ______ ______!

10 € Diese Jeans ______ ______ ______!

______ ______ ______ ______ ______!

______ ______ ______ ______ ______!

______ ______ ______!

______ ______ ______ ______ ______!

3

200 € Dieses Kleid ist ______ ______!

10 € Dieses ______ ist ______ ______!

______ ______ ______ ______ ______!

______ ______ ______ ______ ______!

______ ______ passt!

Mein ______ ist ______!

**1**

Wo bekomme ich das Heft?

Das bekommst du im ______________________.

Wo bekomme ______ ______ ______?

______ ______ ______ in der ______.

Wo ______ ______ ______ ______?

______ ______ ______ ______ ______.

______ ______ ______ ______ ______?

______ ______ ______ ______ ______ ______.

______ ______ ______ die ______?

Die ______ ______ ______ ______ ______.

______ ______ ______ ______ ______?

______ ______ ______ ______ ______.

______ ______ ______ den ______?

Den ______ ______ ______ ______.

______ ______ ______ ______ ______?

______ ______ ______ ______ ______ ______.

______ ______ ______ die ______?

Die ______ ______ ______ ______.

______ ______ ______ ______ ______?

______ ______ ______ ______ ______.

**1**

**2**

____ H______

____ B__d ____ W______ ____ B______n

____ Ka______ ____ E______ ____ G______n

____ D__h ____ Ki______ ____ Kü______

____ Kl______ ____ S______ ____ Ke______

____ G__e ____ D______n ____ Br______

**3**

____ Tiere sind **im** H_ _ _ _.

____ _ _ _ _ _ _ _ _ ist ______ _ _ _ _ _ _ _ _ _ _ _ _ _ _ _ _ _ _ _.

____ _ _ _ _ _ _ _ ist ______ _ _ _ _ _ _ _ _ _ _ _ _ _ _ _ _ _ _.

____ _ _ _ _ _ _ _ _ _ _ _ ______ ______ G_ _ _ _ _ _n.

____ _ _ _ _ _ _ _ ist **in der** G_ _ _ _ _ _ _e.

____ _ _ _ _ _ _ _ ist ______ ______ _ _ _ _ _ _ _ _.

____ _ _ _ _ _ _ _ _ _ _ ist **auf dem** _ _ _ _ _ _ _ _ _ _ _ _ _ _ _ _ _.

____ _ _ _ _ _ _ _ _ ______ ______ ______ _ _ _ _ _ _ _.

1

2

Ich ___ lebe ___ im ___ Haus ___.

Ich ___ ___ ___ ___.

Ich ___ ___ ___ ___.

Ich ___ ___ ___ ___.

Ich ___ ___ meine ___ ___ ___ ___.

Ich ___ ___ ___ ___ ___.

3

 Peter ___ ___ ___ ___.

 Er ___ ___ ___ ___ ___.

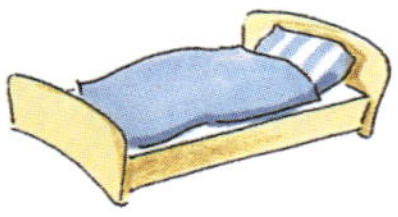 ___ schläft ___ ___.

 ___ liest ___ ___.

 ___ isst ___ ___.

 ___ wäscht seine Hände ___ ___.

**1**

**2**

Wo sind die ______________? Sie sind im Kinderzimmer.

______ ______ ______ ______________? ______ ______ im Bad.

______ ______ ______ ______________? ______ ______ ______ Esszimmer.

______ ______ ______ ______________? ______ ______ ______Wohnzimmer.

______ ______ ______ ______________? ______ ______ in der Küche.

**3**

Das ______Kind______ ___ist___ ___im___ ______Kinderzimmer______.

______ ______________ ______ ______ ______________________.

______ ______________ ______ ______ ______________________.

______ ______________ ______ ______ ______________________.

______ ______________ ______ ______ ______ ______________.

 

**1**

der Schrank

Das Buch ist **auf** dem Schrank.

Das Buch ist **neben** dem Schrank.

Das Buch ist **unter** dem Schrank.

Das Buch ist **vor** dem Schrank.

Das Buch ist **hinter** dem Schrank.

Das Buch ist **im** Schrank.

**2**

Der Füller ______ ________ ________ Schrank.

Der Füller ______ ____________ ________ Schrank.

Der Füller ______ ______ ________ Schrank.

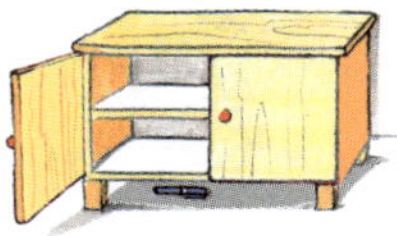

Der Füller ______ ____________ ________ Schrank.

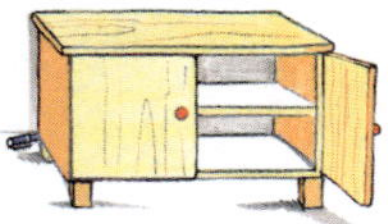

Der Füller ______ ____________ ________ Schrank.

Der Füller ______ ______ Schrank. ⚠

**3**

 ______ Salz  ______ Herd  ______ Kühlschrank  ______ Telefon

 ______ Pfeffer  ______ Topf  ______ Fernseher  ______ Tisch

**4**

Das ____________ ist ________ ________ ____________.

Der ____________ ist ________ ________ ____________.

Das ____________ ist ________ ________ ____________.

Der ____________ ist ________ ________ ____________.

**1**

stehen

stehen

liegen

________________

**2**

**3**

_______ graue ______________________________ **liegt unter dem Bett.**

_______ grüne ______________________________ __________ auf __________ **Teppich.**

_______ braune ______________________________ __________ neben __________ **Tisch.**

_______ gelbe ______________________________ __________ unter __________ **Bild.**

_______ lila ______________________________ __________ auf __________ **Sofa.**

_______ orange ______________________________ __________ auf __________ **Boden.**

**4**

_______ blaue ______________________________ **steht hinter** __________ **Sessel.**

_______ schwarze ________________ __________ im **Schrank.**

_______ rote ________________ __________ an der **Wand.**

1

hängen

______

sitzen

______

2

3

______ Wellensittich sitzt auf dem ______ Schrank ______.

______ Katze liegt ______ ______ ______.

______ Maus hängt ______ ______ ______.

______ Fisch steht ______ ______ ______.

______ Hund ______ ______ ______ ______.

______ Schildkröte ______ ______ ______ ______.

______ Meerschweinchen ______ ______ ______ ______.

______ Hase ______ ______ ______ ______.

______ Spinne hängt ______ ______ ______.

# Kann ich helfen?

**1**

**2**

Ich koche.

Ich ________.

Ich ________.

Ich ________.

Ich kaufe ein.

Ich räume auf.

**3**

Diana kocht.

Michael ________.

Ioannis ________.

Aisha ________.

Anna ________ ________.

Jakob ________ ________.

**1**

**2**

Jakob, räumst du auf?

Ja, ich räume auf.

Diana, ________ ________?

______, ________ ________.

Ioannis, ________ ________?

Ja, ________ ________.

**3**

Anna, kaufst du ein?

Nein, ich kaufe nicht ein. Ich bin schon fertig.

Aisha, ________ ________?

______, ______ ________ ________. ______ ______ ________ ________.

Michael, putzt du?

______, ______ ________ ________. ______ ______ ________ ________.

**4**

Wir ________.

Wir ________.

Wir ________.

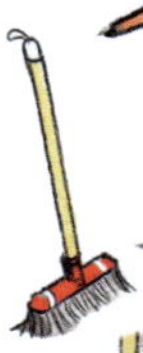

Wir ________.

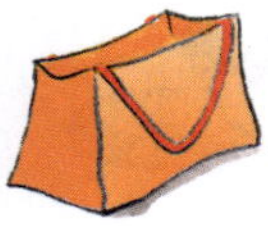

Wir ________ ______.

Wir ________ ______.

1

2

Wie können die Kinder helfen?

Die Kinder können ______ ______________

______ ________ ____________________ ______________.

Die Kinder können ______ ______________

______ ______ ________________________ ______________.

Die Kinder können ______ ______________

______ ______ ______________________________ ______________.

Die Kinder können ______ ______________

______ ________ ____________________ ______________.

# Das Übungsheft „Willkommen in Deutschland“ II – Lösungen (Seite 4 – 7)

## Woher kommt sie / er?

1

Lisa ist aus Deutschland. Sie **wohnt** in Neustadt.

Sophie **ist** aus Deutschland. **Sie** wohnt **auch** in Neustadt.

Diana ist aus Polen. Sie wohnt auch in Neustadt.

Aisha ist aus dem Iran. Sie wohnt auch in Neustadt.

Anna ist aus Schottland. Sie wohnt auch in Neustadt.

Leyla ist aus der Türkei. Sie wohnt auch in Neustadt.

Karia ist aus Pakistan. Sie wohnt auch in Neustadt.

Maria ist aus Georgien. Sie wohnt auch in Neustadt.

2

Peter ist aus Deutschland. Er **wohnt** in Neustadt.

Jakob **ist** aus Israel. **Er** wohnt **auch** in Neustadt.

David ist aus Russland. Er wohnt auch in Neustadt.

Ioannis ist aus Griechenland. Er wohnt auch in Neustadt.

Paul ist aus Rumänien. Er wohnt auch in Neustadt.

Joshua ist aus Amerika. Er wohnt auch in Neustadt.

Michael ist aus Schottland. Er wohnt auch in Neustadt.

Buruk ist aus Eritrea. Er wohnt auch in Neustadt.

 Herkunftsland, Wohnort, Verben: 3. Person Singular

## Kennst du die Kinder?

1

Das ist Lisa aus Deutschland.

**Das ist** ihr Hase.

Das ist Anna aus Schottland.

Das ist ihre Katze.

Das ist Aisha aus dem Iran.

Das ist ihr Papagei.

Das ist Diana aus Polen.

Das ist ihr Hamster.

Das ist Karia aus Pakistan.

Das ist ihre Maus.

2

**Das ist** Jakob aus Israel.

Das ist seine Spinne.

Das ist David aus Russland.

Das ist sein Hund.

Das ist Ioannis aus Griechenland.

Das ist seine Schildkröte.

Das ist Paul aus Rumänien.

Das ist sein Wellensittich.

Das ist Joshua aus Amerika.

Das ist seine Ratte.

3

Das ist Leyla aus der Türkei.

Sie hat **kein Tier**.

Herkunftsland, Haustiere, Possessivpronomen 

## Woher kommst du?

1

Guten Morgen. Wie heißt du? — Guten Morgen. Ich heiße Jakob

Woher kommst du? — Ich komme aus Israel

Wo wohnst du? — Ich wohne in Neustadt

Hast du ein Tier? — Ja, ich habe eine Spinne

2

Guten Morgen. Wie heißt du? — Guten Morgen. Ich heiße Leyla

Woher kommst du? — Ich komme aus der Türkei

Wo wohnst du? — Ich wohne in Neustadt

Hast du ein Tier? — Nein, ich habe kein Tier

3 *

Wie heißt du?

______________________________

Woher kommst du?

______________________________

Wo wohnst du?

______________________________

Hast du ein Tier?

______________________________

 *** individuelle Lösung** Herkunftsland, Wohnort, Verben: 1./2. Person Singular, Fragewörter: wie, woher, wo, Fragesätze

## Wo wohnst du?

1

Hallo Lisa. Kommst du aus Deutschland? — Ja. Ich komme aus Deutschland

Wohnst du in Neustadt? — Ja. Ich wohne in Neustadt

Hallo, Peter. Kommst du aus Deutschland? — Ja. Ich komme aus Deutschland

Wohnst du in Neustadt? — Ja. Ich wohne in Neustadt

2

Hallo, Buruk. Kommst du aus Deutschland? — Nein. Ich komme aus Eritrea

Wohnst du in Berlin? — Nein. Ich wohne in Neustadt

Hallo, Aisha. Kommst du aus Deutschland? — Nein. Ich komme aus dem Iran

Wohnst du in Berlin? — Nein. Ich wohne in Neustadt

3 *

Hallo. Kommst du aus Deutschland?

______________________________

Wohnst du in Neustadt?

______________________________

Herkunftsland, Wohnort, Verben: 1./2. Person Singular, ja/nein, Fragesätze *** individuelle Lösung** 

# Das Übungsheft „Willkommen in Deutschland“ II – Lösungen (Seite 8 – 11)

## In welcher Straße wohnst du?

1

2

In welcher Straße wohnst du, Joshua?

Ich wohne in der Blumenstraße.

Welche Hausnummer hat dein Haus?

Mein Haus hat die Hausnummer 8.

In welche Schule gehst du?

Ich gehe in die Regenbogenschule.

3

In welcher Straße wohnt ihr, Anna und Michael?

Wir wohnen im Einsteinweg.

Welche Hausnummer hat euer Haus?

Unser Haus hat die Hausnummer 12.

In welche Schule geht ihr?

Wir gehen in die Regenbogenschule.



Adresse, Possessivpronomen, Verben: 2. Person Singular / 1. Person Plural, Fragewörter: welche, welcher

## Was möchtest du essen?

1

2

die Nudeln — das Brot mit Käse

der Salat — essen

3

Es gibt Nudeln.

Aisha möchte Nudeln mit Tomatensoße essen.

Ioannis möchte auch Nudeln mit Tomatensoße essen.

Jakob möchte ein Brot mit Käse essen.

Joshua möchte einen Salat essen.

Michael möchte Nudeln mit Tomatensoße, ein Brot mit Käse und einen Salat essen.

Lebensmittel, Verben: 3. Person Singular



## Was trinkst du?

1

2

die Kanne — das Glas

die Tasse — die Flasche

3

der Orangensaft — der Kakao

der Apfelsaft — die Milch

der Tee — die Limonade

der Kaffee — das Wasser

4

Lisa trinkt **den** Orangensaft. — Der Vater trinkt den Apfelsaft.

Anna trinkt den Tee. — Die Mutter trinkt den Kaffee.

Diana trinkt den Kakao.

Ioannis trinkt **die** Milch. ⚠ — Jakob trinkt die Limonade.

Michael trinkt **das** Wasser. ⚠



Getränke, Gefäße, Akkusativ

## Was möchtest du?

1

2

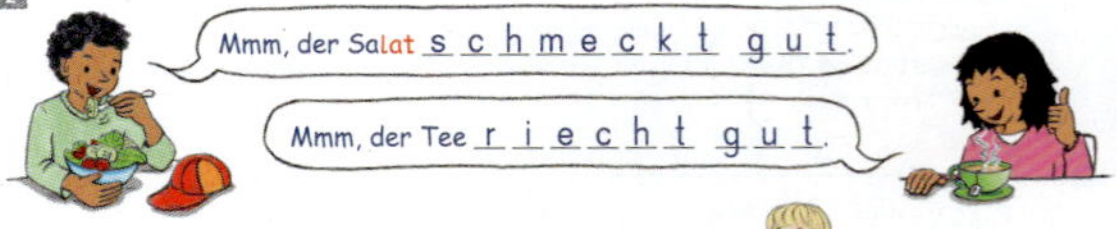


3

Was möchtest du trinken?

Ich möchte ein Glas Limonade trinken.

Ich möchte ein Glas Milch trinken.

Ich möchte eine Tasse Tee trinken.

Ich möchte eine Tasse Kakao trinken.

4

Paul, möchtest du ein Glas Limonade trinken? — Ja, bitte.

Sophie, möchtest du eine Tasse Kakao trinken? — Ja, bitte.

Peter, möchtest du einen Salat essen? — Nein, danke.

Lisa, möchtest du ein Brot mit Käse essen? — Nein, danke.

5 *

Was möchtest du trinken?

Getränke, Gefäße, Verben: 1./2. Person Singular, ja bitte/nein danke

*** individuelle Lösung**

# Das Übungsheft „Willkommen in Deutschland“ II – Lösungen (Seite 12 – 15)

## Welches Obst magst du?

1

2

| | | | |
|---|---|---|---|
| die | Orange | die | Orangen |
| die | Erdbeere | die | Erdbeeren |
| die | Birne | die | Birnen |
| die | Banane | die | Bananen |
| die | Kirsche | die | Kirschen |
| die | Traube | die | Trauben |
| die | Zitrone | die | Zitronen |
| der | Apfel ⚠ | die | Äpfel ⚠ |
| die | Ananas ⚠ | die | Ananas ⚠ |



Obst, Nomen: Singular / Plural

## Welches Gemüse magst du?

1

2

| | |
|---|---|
| die Bohne | die Bohnen |
| die Karotte | die Karotten |
| die Kartoffel | die Kartoffeln |
| die Zwiebel | die Zwiebeln |
| die Tomate | die Tomaten |
| die Gurke | die Gurken |

3

| | |
|---|---|
| der Spinat | der Mais |
| der Blumenkohl | der Knoblauch |
| der Kohl | der Paprika ⚠ |

4

Lisa **mag gerne** Zwiebeln. Sie **mag keinen** Blumenkohl.

Sophie mag gerne Kartoffeln.

Sie mag keinen Spinat.

5

Joshua mag gerne Kohl. Er **mag keine** Tomaten.

Peter mag gerne Mais.

Er mag keine Gurken.

Gemüse, Nomen: Singular / Plural, Verben: 3. Person Singular



## Wie ist das Obst? Wie ist das Gemüse?

1

süß – sauer – bitter – scharf – saftig – gut – schlecht

2

Die Erdbeere ist süß.

Die Gurke ist saftig.

Die Zwiebel ist scharf.

Der Spinat ist bitter.

Die Zitrone ist sauer.

3

die Kiwi – die Melone – der Pfirsich – die Pflaume – die Nektarine

4

Die Kiwi ist süß und sauer und saftig.

Die Melone ist süß und saftig.

Der Pfirsich ist süß und saftig.

Die Pflaume ist süß und sauer und saftig.

Die Nektarine ist süß und saftig.

5

| | |
|---|---|
| Die Birne **ist gut**. | Die Birne **ist schlecht**. |
| Die Kirsche ist gut. | Die Kirsche ist schlecht. |
| Die Tomate ist gut. | Die Tomate ist schlecht. |
| Die Kartoffel ist gut. | Die Kartoffel ist schlecht. |



Obst, Gemüse, Adjektive

## Kochst du mit uns?

1

2

| | |
|---|---|
| Aisha, **schälst** du das Obst? | Ja, ich **schäle**. |
| Paul, schälst du das Gemüse? | Ja, ich schäle. |
| Diana, **schneidest** du das Obst? | Ja, ich **schneide**. |
| Jakob, schneidest du das Gemüse? | Ja, ich schneide. |
| Anna, **rührst** du den Kuchen? | Ja, ich rühre. |
| Peter, rührst du die Suppe? | Ja, ich rühre. |
| Lisa, backst du den Kuchen? | Ja, ich backe. |
| David, kochst du die Suppe? | Ja, ich koche. |

Kochen, Akkusativ, Verben: 1. / 2. Person Singular / 1. Person Plural

# Das Übungsheft „Willkommen in Deutschland“ II – Lösungen (Seite 16 – 19)

## Was isst du zum Frühstück?

**1**

Frühstück bei Lisa

Müsli, Marmelade, Honig, Brötchen, Butter, Zucker

die Butter — das Müsli — die Marmelade
der Zucker — der Honig — das Brötchen

**2**

Mittagessen bei Diana

Reis, Pfeffer, Ei, Fleisch, Salat, Salz

der Pfeffer — der Reis — das Salz
das Fleisch — der Salat — das Ei

**3**

Abendessen bei Paul

Brot, Joghurt, Obst, Quark, Käse, Wurst

der Joghurt — der Quark — der Käse
das Brot — die Wurst — das Obst

**4**

Zum Frühstück isst Anna Brötchen mit Marmelade.
Zum Mittagessen isst Leyla Salat mit Ei.
Zum Abendessen isst David Brot mit Wurst.



## Frühstücken wir gemeinsam?

**1**

**2**

| | |
|---|---|
| die Tischdecke | die Tischdecken |
| die Tasse | die Tassen |
| die Gabel | die Gabeln |
| die Schüssel | die Schüsseln |
| das Glas | die Gläser |
| der Löffel | die Löffel ⚠ |
| das Messer | die Messer ⚠ |
| der Teller | die Teller ⚠ |

**3**

Lisa fragt: „Frühstücken wir gemeinsam?“
Aisha legt die Tischdecken auf die Tische.
Sophie und Diana legen die Messer, die Gabeln und die Löffel auf die Tische.
Anna stellt die Gläser auf die Tische.
Peter und Joshua stellen die Teller auf die Tische.
Jakob und Michael stellen die Schüsseln und die Tassen auf die Tische.



## Decken wir den Tisch?

**1**

decken — bestreichen — belegen — einschenken — abräumen

**2**

Wer deckt den Tisch? — Ich decke den Tisch.
Wer bestreicht die Brötchen? — Ich bestreiche die Brötchen.
Wer belegt die Brote? — Ich belege die Brote.
Wer schenkt den Tee ein? — Ich schenke den Tee ein.
Wer räumt den Tisch ab? — Ich räume den Tisch ab.

**3**

Deckst du den Tisch, Anna? — Nein, Karia deckt den Tisch.
Bestreichst du die Brötchen, Joshua? — Nein, Maria bestreicht die Brötchen.
Belegst du die Brote, Anna? — Nein, Lisa belegt die Brote.
Schenkst du den Tee ein, Sophie? — Nein, Paul schenkt den Tee ein.
Räumst du den Tisch ab, Peter? — Nein, Buruk räumt den Tisch ab.



## Gehen wir zum Bäcker?

**1**

**2**

Guten Tag. — Guten Tag.
Ich hätte gerne drei Stücke Kuchen. — Gerne. Darf es noch etwas sein?
Nein, danke. Was kostet das? — Das kostet 6 Euro.
Hier, bitte schön. — Vielen Dank. Auf Wiedersehen.
Auf Wiedersehen.

**3**

ein Stück — zwei Stücke

der Kuchen — ein Stück — drei Stücke

# Das Übungsheft „Willkommen in Deutschland" II – Lösungen (Seite 20–23)

## Gehen wir einkaufen?

**1**

**2**

| das Schuhgeschäft | die Metzgerei | die Bäckerei | das Buchgeschäft |
|---|---|---|---|
| Schuhe | Fleisch, Wurst | Brot, Brötchen | Buch |

| das Blumengeschäft | das Spielwarengeschäft | das Schreibwarengeschäft | die Bank |
|---|---|---|---|
| Blumen | Spielsachen | Schulsachen | Geld |

**3**

Das Buch kaufen wir im Buchgeschäft.

Die Schulsachen kaufen wir im Schreibwarengeschäft.

Die Spielsachen kaufen wir im Spielwarengeschäft.

Die Schuhe kaufen wir im Schuhgeschäft.

Die Blumen kaufen wir im Blumengeschäft.

Das Fleisch und die Wurst kaufen wir in der Metzgerei.

Das Brot und das Brötchen kaufen wir in der Bäckerei.

Das Geld holen wir in der Bank.



Geschäfte, Oberbegriffe, Verben: 1. Person Plural, Präpositionen

## Was gibt es im Supermarkt?

**1**

**2**

die Waage   der Korb   der Geldbeutel

die Einkaufstasche   die Bonbons

die Schokolade   das Geld   die Kasse

**3**

**4**

**5**

Ich kaufe ein.   Ich wiege ab.   Ich bezahle.

**6**

viel Obst

wenig Gemüse

Einkaufen, Verben, 1. Person Singular, Adjektive



## Gehen wir Kleidung einkaufen?

**1**

**2**

200 € Diese Jeans sind zu teuer!

10 € Diese Jeans sind zu billig!

Diese Jeans sind zu groß!

Diese Jeans sind zu klein!

Diese Jeans passen!

Meine Jeans sind wunderschön!

**3**

200 € Dieses Kleid ist zu teuer!

10 € Dieses Kleid ist zu billig!

Dieses Kleid ist zu groß!

Dieses Kleid ist zu klein!

Dieses Kleid passt!

Mein Kleid ist wunderschön!



Einkaufen, Adjektive mit „zu", Demonstrativpronomen

## Was bekomme ich in welchem Geschäft?

**1**

Wo bekomme ich das Heft? – Das bekommst du im Schreibwarengeschäft.

Wo bekomme ich das Brot? – Das bekommst du in der Bäckerei.

Wo bekomme ich das Buch? – Das bekommst du im Buchgeschäft.

Wo bekomme ich das Fleisch? – Das bekommst du in der Metzgerei.

Wo bekomme ich die Wurst? – Die bekommst du in der Metzgerei.

Wo bekomme ich die Puppe? – Die bekommst du im Spielwarengeschäft.

Wo bekomme ich den Füller? – Den bekommst du im Schreibwarengeschäft.

Wo bekomme ich den Kuchen? – Den bekommst du in der Bäckerei.

Wo bekomme ich die Blumen? – Die bekommst du im Blumengeschäft.

Wo bekomme ich die Schuhe? – Die bekommst du im Schuhgeschäft.

Einkaufen, Akkusativ, Verben: 1./2. Person Singular, Präpositionen, Fragewort: wo

# Das Übungsheft „Willkommen in Deutschland“ II – Lösungen (Seite 24 – 27)

## Kennst du das Haus?

1 das Haus

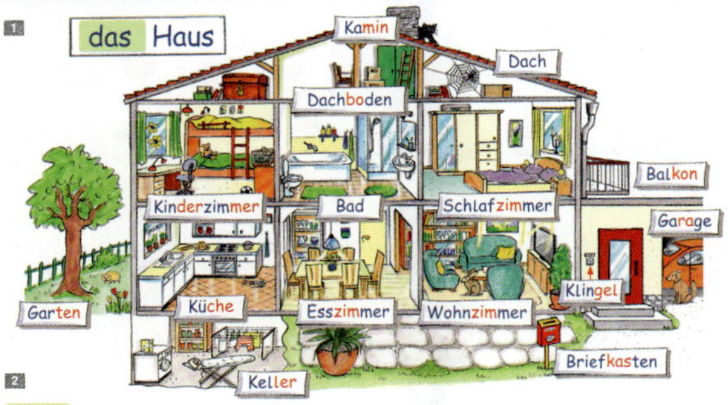


2

das Haus

| | | |
|---|---|---|
| das Bad | das Wohnzimmer | der Balkon |
| der Kamin | das Esszimmer | der Garten |
| das Dach | das Kinderzimmer | die Küche |
| die Klingel | das Schlafzimmer | der Keller |
| die Garage | der Dachboden | der Briefkasten |

3

Die Tiere sind im Haus.
Die Ratte ist im Kinderzimmer.
Der Hase ist im Wohnzimmer.
Der Hamster ist im Garten.
Der Hund ist in der Garage.
Die Maus ist in der Küche.
Die Spinne ist auf dem Dachboden.
Die Katze ist auf dem Dach.



## Was tun sie im Haus?

1

2

Ich lebe im Haus.
Ich schlafe im Kinderzimmer.
Ich lese im Wohnzimmer.
Ich esse im Esszimmer.
Ich wasche meine Hände im Bad.
Ich koche in der Küche.

3

Peter lebt im Haus.
Er kocht in der Küche.
Er schläft im Kinderzimmer.
Er liest im Wohnzimmer.
Er isst im Esszimmer.
Er wäscht seine Hände im Bad.



## Wo sind ...?

1

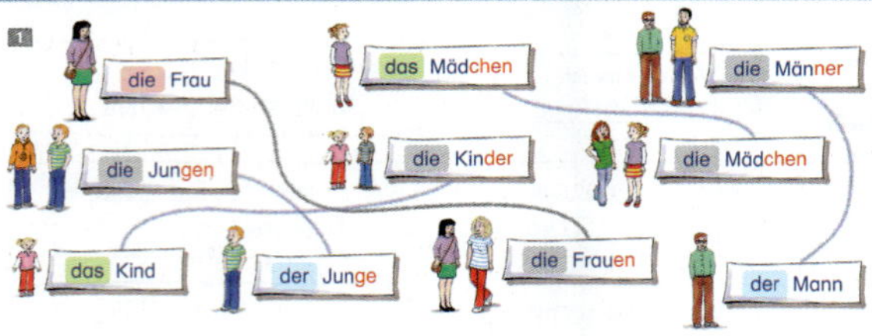


2

Wo sind die Kinder? Sie sind im Kinderzimmer.
Wo sind die Frauen? Sie sind im Bad.
Wo sind die Jungen? Sie sind im Esszimmer.
Wo sind die Männer? Sie sind im Wohnzimmer.
Wo sind die Mädchen? Sie sind in der Küche.

3

Das Kind ist im Kinderzimmer.
Die Frau ist im Bad.
Der Junge ist im Esszimmer.
Der Mann ist im Wohnzimmer.
Das Mädchen ist in der Küche.



## Wo ist ...?

1

der Schrank

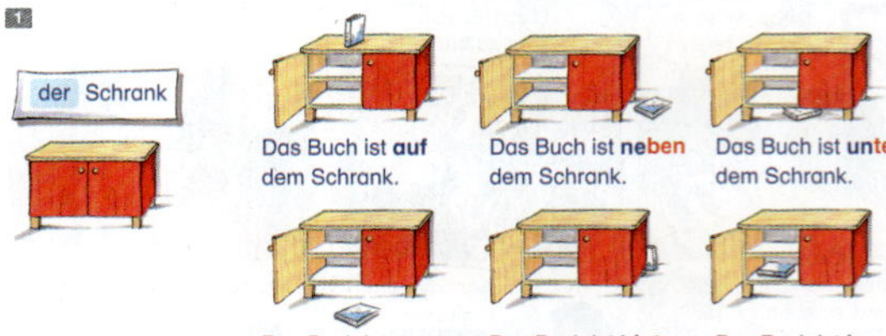

Das Buch ist auf dem Schrank.
Das Buch ist neben dem Schrank.
Das Buch ist unter dem Schrank.
Das Buch ist vor dem Schrank.
Das Buch ist hinter dem Schrank.
Das Buch ist im Schrank.

2

Der Füller ist vor dem Schrank.
Der Füller ist neben dem Schrank.
Der Füller ist auf dem Schrank.
Der Füller ist unter dem Schrank.
Der Füller ist hinter dem Schrank.
Der Füller ist im Schrank.

3

| | | | |
|---|---|---|---|
| das Salz | der Herd | der Kühlschrank | das Telefon |
| der Pfeffer | der Topf | der Fernseher | der Tisch |

4

Das Telefon ist neben dem Fernseher.
Der Topf ist auf dem Herd.
Das Salz ist auf dem Kühlschrank.
Der Pfeffer ist unter dem Tisch.

# Das Übungsheft „Willkommen in Deutschland“ II – Lösungen (Seite 28 – 31)

## Wo sind die Schulsachen?

**1**

stehen | stehen | liegen | liegen

**2**

**3**

Das graue Mäppchen liegt unter dem Bett.

Der grüne Radiergummi liegt auf dem Teppich.

Der braune Füller liegt neben dem Tisch.

Der gelbe Klebstoff liegt unter dem Bild.

Der lila Buntstift liegt auf dem Sofa.

Das orange Lineal liegt auf dem Boden.

**4**

Der blaue Schulranzen steht hinter dem Sessel.

Das schwarze Heft steht im Schrank.

Das rote Buch steht an der Wand.



Möbel, Schulsachen, Verben: 3. Person Singular

## Wo sind die Tiere?

**1**

hängen | hängen | sitzen | sitzen

**2**

**3** **

Der Wellensittich sitzt auf dem Schrank.

Die Katze liegt auf dem Teppich.

Die Maus hängt auf dem Bild.

Der Fisch steht auf dem Tisch.

Der Hund sitzt vor dem Sofa.

Die Schildkröte liegt auf dem Boden.

Das Meerschweinchen liegt unter dem Bett.

Der Hase sitzt hinter dem Sessel.

Die Spinne hängt an der Wand.

Möbel, Haustiere, Verben: 3. Person Singular, Präpositionen ** mehrere Lösungen möglich



## Kann ich helfen?

**1**

**2**

**3**

Diana kocht. Michael putzt. Ioannis spült.

Aisha kehrt. Anna kauft ein. Jakob räumt auf.



Haushalt, Verben: 1./3. Person Singular

## Bist du fertig?

**1**

**2**

Jakob, räumst du auf? – Ja, ich räume auf.

Diana, kochst du? – Ja, ich koche.

Ioannis, spülst du? – Ja, ich spüle.

**3**

Anna, kaufst du ein?

Nein, ich kaufe nicht ein. Ich bin schon fertig.

Aisha, kehrst du?

Nein, ich kehre nicht. Ich bin schon fertig.

Michael, putzt du? ⚠

Nein, ich putze nicht. Ich bin schon fertig.

**4**

 Wir kochen.  Wir putzen.

 Wir spülen.  Wir kehren.

 Wir kaufen ein.  Wir räumen auf.

Haushalt, Verben: 1./2. Person Singular/1. Person Plural, ja/nein, Verneinung, Fragesätze

# Das Übungsheft „Willkommen in Deutschland“ II – Lösungen (Seite 32 – 35)

## Was müssen wir im Haus noch tun?

**1**

**2**

Wie können die Kinder helfen?

Die Kinder können die Wäsche in den Wäschekorb sortieren.

Die Kinder können die Wäsche in der Waschmaschine waschen.

Die Kinder können die Wäsche mit den Wäscheklammern aufhängen.

Die Kinder können die Wäsche mit dem Bügeleisen bügeln.



## Wie können wir helfen?

**1**

**2**

Wer verbindet den Arm? – Ich verbinde den Arm.

Wer föhnt die Haare? – Ich föhne die Haare.

Wer staubsaugt den Teppich? – Ich staubsauge den Teppich.

Wer gießt die Blumen? – Ich gieße die Blumen.

Wer staubt den Schrank ab? – Ich staube den Schrank ab.

Wer trocknet die Teller ab? – Ich trockne die Teller ab.

**3**

Verbindest du den Arm, Diana? – Nein, Ioannis verbindet den Arm.

Föhnst du die Haare, Anna? – Nein, Diana föhnt die Haare.

Staubsaugst du den Teppich, Buruk? – Nein, Anna staubsaugt den Teppich.

Gießt du die Blumen, Joshua? – Nein, Buruk gießt die Blumen.

Staubst du den Schrank ab, Karia? – Nein, Joshua staubt den Schrank ab.

Trocknest du die Teller ab, Ioannis? – Nein, Karia trocknet die Teller ab.



## Was muss ich noch tun?

**1**

die Vorhänge – der Besen – die Schublade

die Lampe – der Flur – die Ecke

**2**

Bitte öffne die Vorhänge.

Bitte schließe die Vorhänge.

Bitte schalte die Lampe ein.

Bitte schalte die Lampe aus.

Bitte stelle den Besen in den Flur.

**3**

Bitte stelle den Besen in die Ecke.

Bitte schalte die Lampe ein.

Bitte öffne die Schublade.

Bitte schließe die Schublade.

**4**

Bitte öffne die Vorhänge.

Bitte öffne die Schublade.

Bitte schließe die Schublade.

Bitte schalte die Lampe aus.

Bitte schalte die Lampe ein.

Bitte stelle den Besen in den Flur.

Bitte stelle den Besen in die Ecke.



## Was tust du?

**1**

1. Anna steht auf.
2. Sie duscht.
3. Sie zieht sich an.
4. Sie frühstückt.
5. Sie geht in die Schule.
6. Sie isst zu Mittag.
7. Sie spült.
8. Sie macht Hausaufgaben.
9. Sie spielt.
10. Sie isst zu Abend.
11. Sie putzt die Zähne.
12. Sie schläft.

**2**

Ich stehe auf.

Ich dusche.

Ich ziehe mich an.

Ich frühstücke.

Ich gehe in die Schule.

Ich esse zu Mittag. ⚠

Ich spüle.

Ich mache Hausaufgaben.

Ich spiele.

Ich esse zu Abend. ⚠

Ich putze die Zähne.

Ich schlafe.

# Das Übungsheft „Willkommen in Deutschland“ II – Lösungen (Seite 36 – 39)

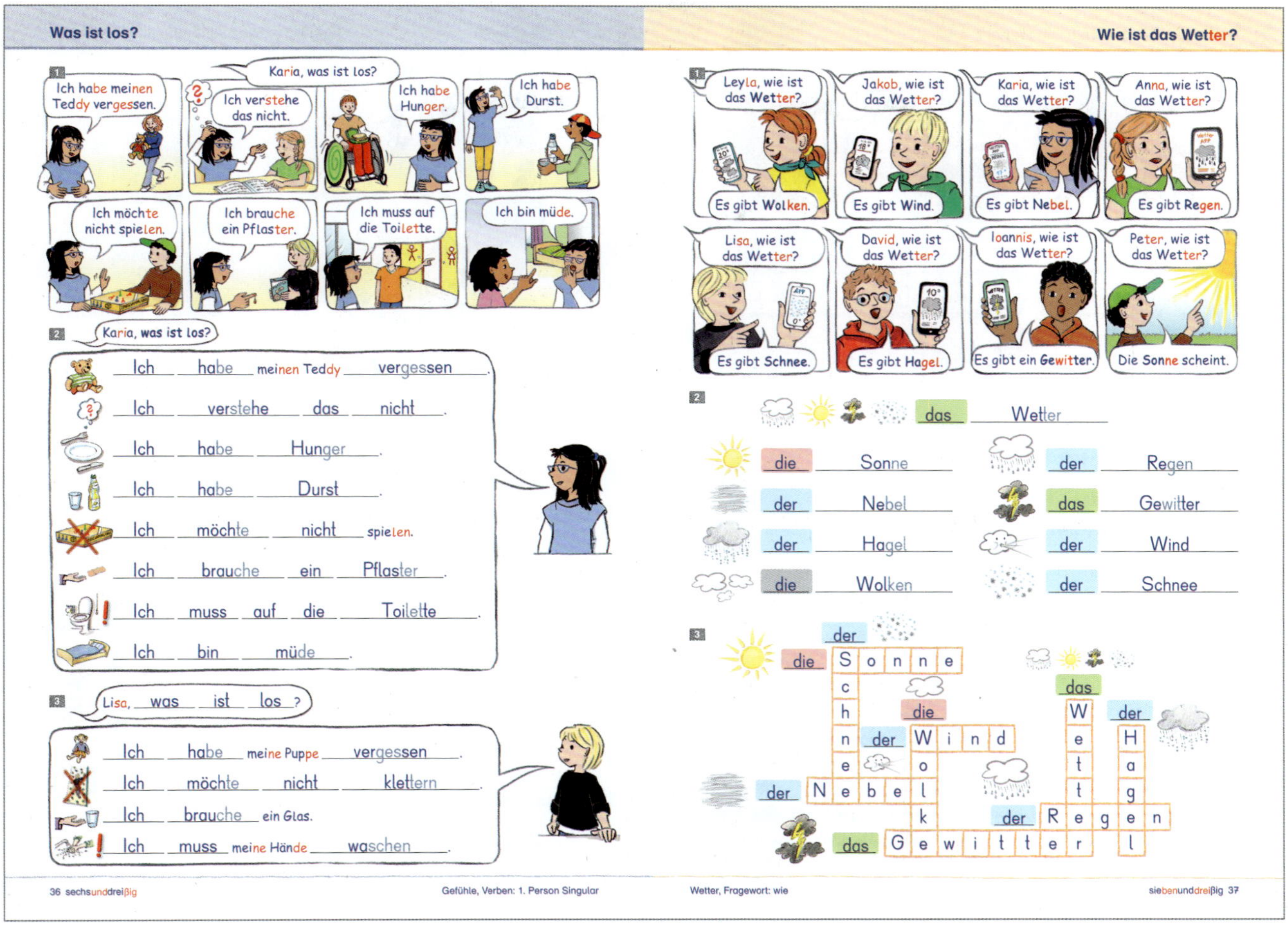

## Was ist los?

**1**

Ich habe meinen Teddy vergessen.
Karia, was ist los?
Ich verstehe das nicht.
Ich habe Hunger.
Ich habe Durst.
Ich möchte nicht spielen.
Ich brauche ein Pflaster.
Ich muss auf die Toilette.
Ich bin müde.

**2** Karia, was ist los?

Ich habe meinen Teddy vergessen.
Ich verstehe das nicht.
Ich habe Hunger.
Ich habe Durst.
Ich möchte nicht spielen.
Ich brauche ein Pflaster.
Ich muss auf die Toilette.
Ich bin müde.

**3** Lisa, was ist los?

Ich habe meine Puppe vergessen.
Ich möchte nicht klettern.
Ich brauche ein Glas.
Ich muss meine Hände waschen.

36 sechsunddreißig — Gefühle, Verben: 1. Person Singular

## Wie ist das Wetter?

**1**

Leyla, wie ist das Wetter? – Es gibt Wolken.
Jakob, wie ist das Wetter? – Es gibt Wind.
Karia, wie ist das Wetter? – Es gibt Nebel.
Anna, wie ist das Wetter? – Es gibt Regen.
Lisa, wie ist das Wetter? – Es gibt Schnee.
David, wie ist das Wetter? – Es gibt Hagel.
Ioannis, wie ist das Wetter? – Es gibt ein Gewitter.
Peter, wie ist das Wetter? – Die Sonne scheint.

**2**

das Wetter

die Sonne — der Regen
der Nebel — das Gewitter
der Hagel — der Wind
die Wolken — der Schnee

**3**

der Schnee, die Sonne, die Wind, der Wind, der Nebel, das Wetter, der Hagel, der Regen, das Gewitter, die Wolke

Wetter, Fragewort: wie — siebenunddreißig 37

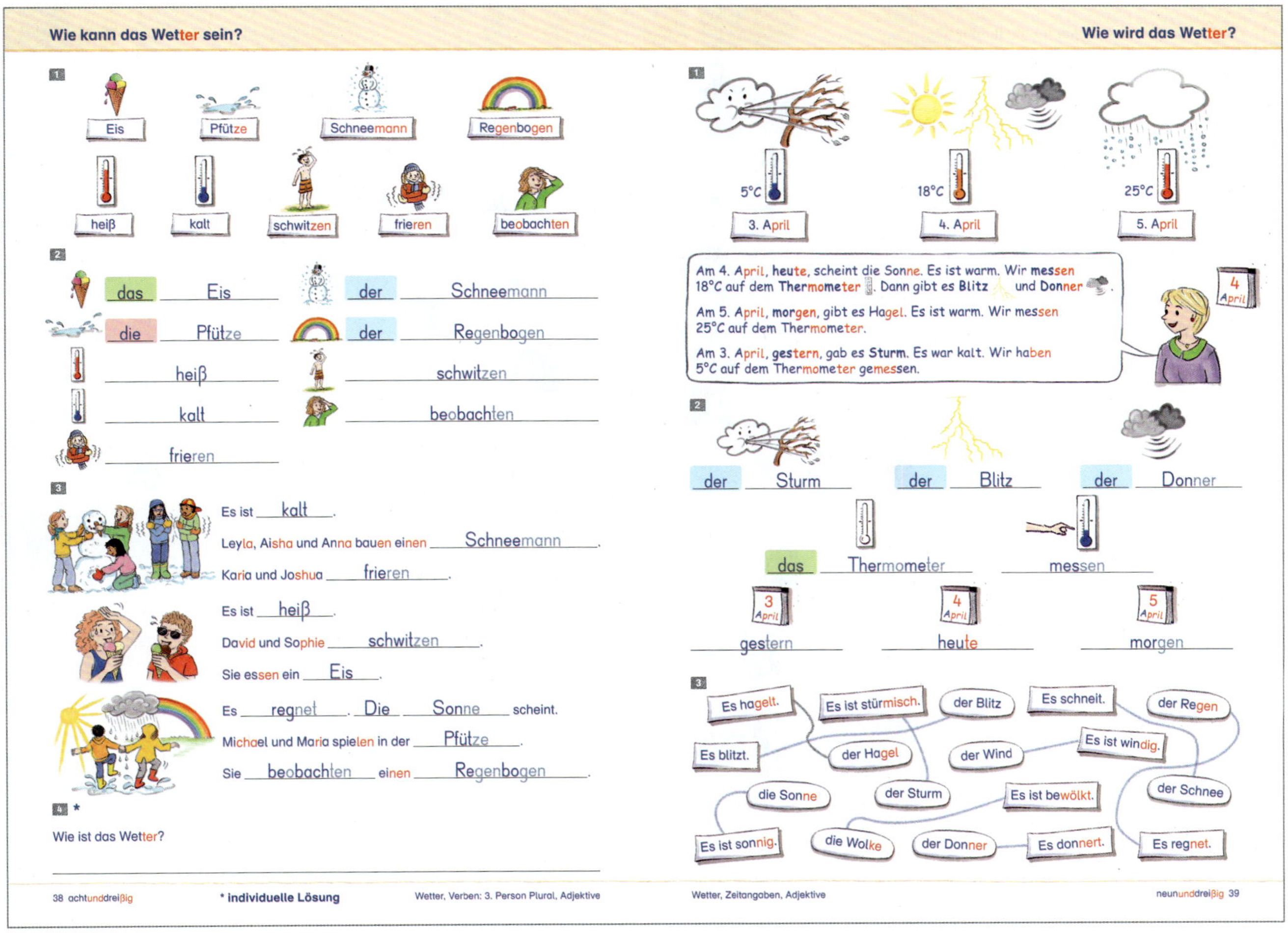

## Wie kann das Wetter sein?

**1**

Eis — Pfütze — Schneemann — Regenbogen
heiß — kalt — schwitzen — frieren — beobachten

**2**

das Eis — der Schneemann
die Pfütze — der Regenbogen
heiß — schwitzen
kalt — beobachten
frieren

**3**

Es ist kalt.
Leyla, Aisha und Anna bauen einen Schneemann.
Karia und Joshua frieren.

Es ist heiß.
David und Sophie schwitzen.
Sie essen ein Eis.

Es regnet. Die Sonne scheint.
Michael und Maria spielen in der Pfütze.
Sie beobachten einen Regenbogen.

**4** *

Wie ist das Wetter?

38 achtunddreißig — * individuelle Lösung — Wetter, Verben: 3. Person Plural, Adjektive

## Wie wird das Wetter?

**1**

5°C — 3. April
18°C — 4. April
25°C — 5. April

Am 4. April, heute, scheint die Sonne. Es ist warm. Wir messen 18°C auf dem Thermometer. Dann gibt es Blitz und Donner.
Am 5. April, morgen, gibt es Hagel. Es ist warm. Wir messen 25°C auf dem Thermometer.
Am 3. April, gestern, gab es Sturm. Es war kalt. Wir haben 5°C auf dem Thermometer gemessen.

**2**

der Sturm — der Blitz — der Donner
das Thermometer — messen
gestern — heute — morgen

**3**

Es hagelt. — Es ist stürmisch. — der Blitz — Es schneit. — der Regen
Es blitzt. — der Hagel — der Wind — Es ist windig.
die Sonne — der Sturm — Es ist bewölkt. — der Schnee
Es ist sonnig. — die Wolke — der Donner — Es donnert. — Es regnet.

Wetter, Zeitangaben, Adjektive — neununddreißig 39

# Das Übungsheft „Willkommen in Deutschland“ II – Lösungen (Seite 40 – 43)

## Was tragen sie bei welchem Wetter?

1

① Es regnet. S | ② Es schneit. c | ③ Es ist sonnig. h
④ Es blitzt und donnert. i | ⑤ Es ist bewölkt. r | ⑥ Es ist stürmisch. m

| S | c | h | i | r | m |
|---|---|---|---|---|---|
| 1 | 2 | 3 | 4 | 5 | 6 |

der Schirm

2

Leyla trägt **eine** Kappe, **ein** T-Shirt, **einen** Rock und Sandalen.
Wie ist das Wetter? Es ist sonnig und warm.

Anna trägt **eine** Mütze, **einen** Schal, **eine** Jacke, Handschuhe, Jeans und Winterstiefel.
Wie ist das Wetter? Es schneit.

Karla trägt ein Kleid und Schuhe.
Wie ist das Wetter? Es ist windig.

Jakob trägt einen Schirm, einen Regenhut, eine Regenjacke, eine Hose und Gummistiefel.
Wie ist das Wetter? Es regnet.

~~der Regenhut~~ ~~der Rock~~ ~~der Schal~~ ~~der Schirm~~ ~~die Hose~~ ~~die Jacke~~
~~die Kappe~~ ~~die Mütze~~ ~~die Regenjacke~~ ~~das Kleid~~ ~~das T-Shirt~~ ~~die Jeans~~
~~die Sandalen~~ ~~die Schuhe~~ ~~die Winterstiefel~~ ~~die Gummistiefel~~ ~~die Handschuhe~~



## Wie heißen die Jahreszeiten?

1

der Winter
der Frühling
der Sommer
der Herbst

das Jahr — die Jahreszeit

2

Die erste Jahreszeit ist der Winter.
Die zweite Jahreszeit ist der Frühling.
Die dritte Jahreszeit ist der Sommer.
Die vierte Jahreszeit ist der Herbst.

3

① Diana trägt ein Kleid, weil **es** im Frühling warm ist. — J
② Anna trägt Handschuhe, **weil** es im Winter kalt ist. — r
③ Joshua trägt ein T-Shirt, weil es im Sommer heiß ist. — a
④ David trägt einen Schal, weil es im Herbst stürmisch ist. — h

das

| J | a | h | r |
|---|---|---|---|
| 1 | 2 | 3 | 4 |



## Welche Jahreszeit magst du am liebsten?

1

Welche Jahreszeit magst du am liebsten?
Ich mag den Winter am liebsten. Dann kann ich Ski fahren.
Ich mag den Frühling am liebsten. Dann kann ich Blumen pflücken.
Ich mag den Sommer am liebsten. Dann kann ich schwimmen gehen.

2

Welche Jahreszeit magst du am liebsten, Paul?
Ich mag den Herbst am liebsten. Dann kann ich Drachen steigen lassen.

3

David, wann ist dein Geburtstag?
Mein Geburtstag ist im Winter.
Lisa, wann ist dein Geburtstag?
Mein Geburtstag ist im Herbst.
Ioannis, wann ist dein Geburtstag?
Mein Geburtstag ist im Frühling.
Anna, wann ist dein Geburtstag?
Mein Geburtstag ist im Sommer.

4 *

Wann ist dein Geburtstag?

* individuelle Lösung



## Wie heißen die Monate?

1

der Januar — der Februar — der März
der April — der Mai
der Juni — der Juli
der August — der September
der Oktober — der November — der Dezember

2

Im Winter sind der Dezember, der Januar und der Februar.
Im Frühling sind der März, der April und der Mai.
Im Sommer sind der Juni, der Juli und der August.
Im Herbst sind der September, der Oktober und der November.

3

Jakobs Geburtstag ist im Januar.
Pauls Geburtstag ist im April.
Joshuas Geburtstag ist im Juli.
Dianas Geburtstag ist im Oktober.

# Das Übungsheft „Willkommen in Deutschland“ II – Lösungen (Seite 44–47)

## Was machen wir im Monat ...?

**1**

Ich mag den Monat Juli.
Ich kann schwimmen gehen, weil es
☑ heiß ☐ windig ☐ kalt ist. Juli ist im Sommer.

Ich mag den Monat Oktober.
Ich kann Drachen steigen lassen, weil
es ☐ heiß ☑ windig ☐ neblig ist.
Oktober ist im Herbst.

Ich mag den Monat Januar.
Ich kann Ski fahren, weil
es ☑ Schnee gibt ☐ sonnig ist ☐ regnet.
Januar ist im Winter.

Ich mag den Monat April.
Ich kann im Garten ein Buch lesen, weil es
☐ bewölkt ☑ warm ☐ stürmisch ist.
April ist im Frühling.

**2** *

Ich mag ______________________________.

Ich mag ______________________________, weil

______________________________________.

______________________________________.



* individuelle Lösung

Monate, Jahreszeiten, Verben: 1. Person Singular, Adjektive, Kausalsätze

## Wie heißen die Wochentage?

**1**

| ① Montag | ② Dienstag | ③ Mittwoch | ④ Donnerstag | ⑤ Freitag | ⑥ Samstag ⑦ Sonntag ⑧ Wochenende |
|---|---|---|---|---|---|
| Sophie | Ioannis | Anna | Aisha | Paul | Michael |

**2**

① der Montag
② der Dienstag
③ der Mittwoch
④ der Donnerstag
⑤ der Freitag
⑥ der Samstag
⑦ der Sonntag
⑧ das Wochenende

**3**

Ich gehe am Mittwoch tanzen.

Ich spiele am Freitag mit Freunden.

Ich spiele am Dienstag Fußball.

Ich gehe am Montag schwimmen.

Ich spiele am Donnerstag Basketball.

Ich schlafe am Samstag und am Sonntag.

Wochentage, Verben: 1. Person Singular



## Was steht auf dem Kalender?

**1**

Dieser **Kalender** zeigt das **Jahr**.

Dieser Kalender zeigt den **Monat**.

Dieser Kalender zeigt die **Woche**.

Dieser Kalender zeigt den **Tag**.

**2**

| | | |
|---|---|---|
| der Kalender | die Kalender | |
| das Jahr | die Jahre | zeigen |
| der Monat | die Monate | |
| die Woche | die Wochen | er zeigt |
| der Tag | die Tage | |

**3**

die Kalender

die Jahre

die Monate

die Wochen

die Tage

**4**

Jahreszeit — Monate — Wochentage

| | | | | | | | | | | | | | | | | | | | | | | | |
|---|---|---|---|---|---|---|---|---|---|---|---|---|---|---|---|---|---|---|---|---|---|---|---|
| D | e | z | e | m | b | e | r | M | | M | | M | A | u | g | u | s | t | F | | | | |
| | A | | | J | a | n | u | a | r | o | | i | | S | o | m | m | e | r | | H | | |
| | p | | | u | | | D | i | e | n | s | t | a | g | | | | | e | | e | | |
| F | r | ü | h | l | i | n | g | | | t | | t | | | | J | u | n | i | | r | | |
| | i | | M | i | S | a | m | s | t | a | g | w | | | | | O | k | t | o | b | e | r |
| | l | | ä | S | o | n | n | t | a | g | D | o | n | n | e | r | s | t | a | g | s | | |
| F | e | b | r | u | a | r | | | | | | c | W | i | n | t | e | r | g | | t | | |
| | | | z | N | o | v | e | m | b | e | r | h | | | S | e | p | t | e | m | b | e | r |



Kalender, Jahreszeiten, Monate, Wochentage, Nomen: Singular/Plural

## Heute, gestern oder morgen?

**1**

vorgestern — gestern — heute — morgen — übermorgen

**2**

5. Mai: Leyla und Buruk gehen heute schwimmen.
6. Mai: Sie spielen morgen Basketball.
7. Mai: Sie spielen übermorgen mit Freunden.
4. Mai: Sie haben gestern Fußball gespielt.
3. Mai: Sie haben vorgestern Bücher gelesen.

**3**

Was macht ihr heute? — Wir spielen heute Fußball.

Was macht ihr morgen? — Wir spielen morgen mit Freunden.

Was macht ihr übermorgen? — Wir gehen übermorgen schwimmen.

Was habt ihr gestern gemacht? — Wir haben gestern Basketball gespielt.

Was habt ihr vorgestern gemacht? — Wir haben vorgestern Bücher gelesen.

Zeitangaben, Fragewort: was

# Das Übungsheft „Willkommen in Deutschland“ II – Lösungen (Seite 48 – 51)

## Welcher Monat ist der Erste?

1

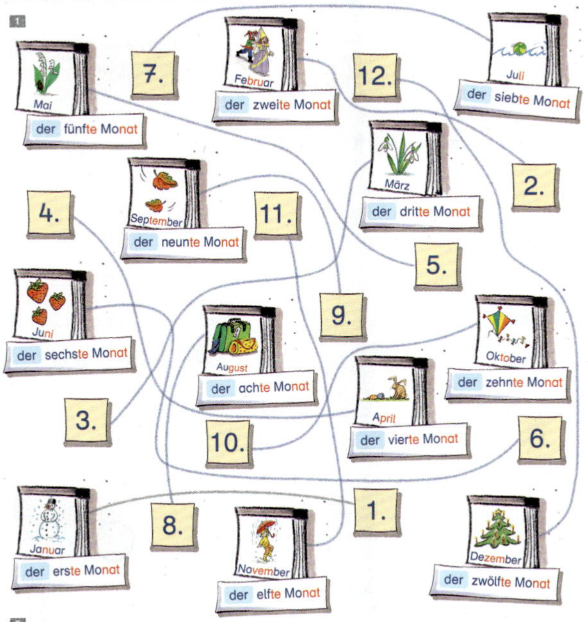


2

| | | | | | | | |
|---|---|---|---|---|---|---|---|
| Januar ist der erste Monat. | | | | Juli | ist der | siebte | Monat. |
| Februar | ist der | zweite | Monat. | August | ist der | achte | Monat. |
| März | ist der | dritte | Monat. | September | ist der | neunte | Monat. |
| April | ist der | vierte | Monat. | Oktober | ist der | zehnte | Monat. |
| Mai | ist der | fünfte | Monat. | November | ist der | elfte | Monat. |
| Juni | ist der | sechste | Monat. | Dezember | ist der | zwölfte | Monat. |





## Wie schreibe ich das Datum?

1

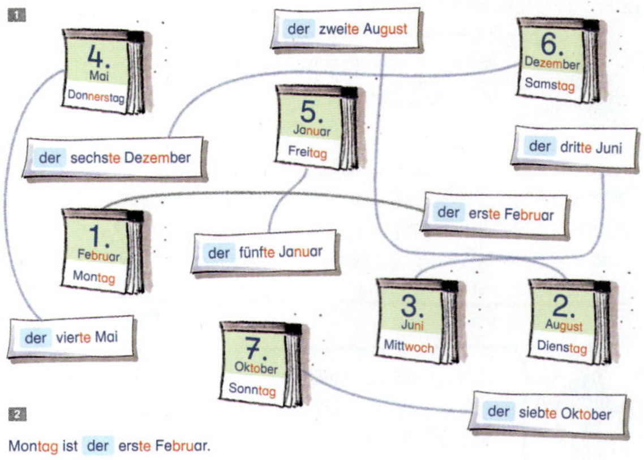


2

Montag ist der erste Februar.

Dienstag ist der zweite August.

Mittwoch ist der dritte Juni.

Donnerstag ist der vierte Mai.

Freitag ist der fünfte Januar.

Samstag ist der sechste Dezember.

Sonntag ist der siebte Oktober.

3

Welches Datum ist heute? — 7.10.2017 — Heute ist der 7.10.2017.

Welches Datum ist heute? — 4.5.2019 — Heute ist der 4.5.2019.

Welches Datum ist heute? — * Heute ist der ______.



* individuelle Lösung



## Wie spät ist es?

1

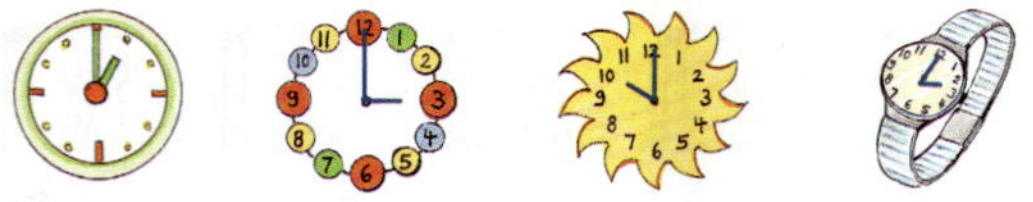

Es ist ein Uhr. Es ist drei Uhr. Es ist zehn Uhr. Es ist zwei Uhr.

2

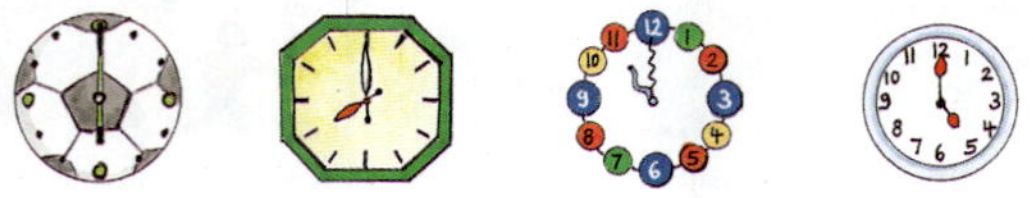

Es ist sechs Uhr. Es ist acht Uhr. Es ist elf Uhr. Es ist fünf Uhr.

3

Es ist acht Uhr morgens. Ich gehe zur Schule.

Es ist ein Uhr mittags. Ich esse mein Mittagessen.

Es ist drei Uhr nachmittags. Ich mache meine Hausaufgaben.

Es ist sieben Uhr abends. Ich lese ein Buch.

Es ist elf Uhr nachts. Ich schlafe.

4

Wie spät ist es? — Es ist sieben Uhr morgens.

Wie spät ist es? — Es ist zwölf Uhr mittags.

Wie spät ist es? — Es ist vier Uhr nachmittags.

Wie spät ist es? — Es ist acht Uhr abends.

Wie spät ist es? — Es ist zwölf Uhr nachts.





## Hast du verschlafen?

1

2

„Wie spät ist es bitte?“ — „Es ist sieben Uhr.“

„Wie spät ist es bitte?“ — „Es ist halb acht.“

„Wie spät ist es bitte?“ — „Es ist halb acht.“

„Wie spät ist es bitte?“ — „Es ist acht Uhr.“

„Wie spät ist es bitte?“ — „Es ist neun Uhr.“

„Entschuldigung, ich habe verschlafen.“

3

Es ist halb zwölf. Es ist halb vier.

Es ist halb drei. Es ist halb elf.

# Das Übungsheft „Willkommen in Deutschland“ II – Lösungen (Seite 52 – 55)

## Kennst du die Uhr?

**1**

die Uhr

Uhrzeit · Stunde · Minute

der kleine Zeiger · der große Zeiger · die Zeiger

**2**

die Uhr · die Uhrzeit · die Stunde · die Minute

der kleine Zeiger · der große Zeiger · die Zeiger

**3**

① Es ist Januar. T
Es ist Dezember. W
Es ist April. (M)

② Es ist Donnerstag. r
Es ist Freitag. (o)
Es ist Samstag. u

③ Es ist halb vier. d
Es ist zwölf Uhr. e
Es ist halb zwei. (n)

④ Es ist morgens. u
Es ist abends. s
Es ist mittags. (t)

⑤ Ioannis tanzt. w
Ioannis spielt. (a)
Ioannis liest. g

⑥ Es ist Frühling. (g)
Es ist Winter. r
Es ist Herbst. s

M o n t a g (1 2 3 4 5 6) ist ein Tag der Woche.



## Wie können wir fahren?

**1**

**2**

| schnell | | langsam | |
|---|---|---|---|
| das | Flugzeug | der | Bus |
| das | Auto | das | Schiff |
| der | Zug | das | Fahrrad |
| das | Motorrad | der | Lastwagen |
| die | U-Bahn | die | Straßenbahn |
| das | Taxi | das | Wohnmobil |

**3**

| schnell | | langsam | |
|---|---|---|---|
| das | Motorrad | die | Straßenbahn |
| das | Taxi | das | Wohnmobil |
| die | U-Bahn | der | Lastwagen |



## Womit fahren wir in die Ferien?

**1**

Paul fährt **mit dem** Auto.

Joshua fährt mit dem Zug.

Aisha fliegt mit dem Flugzeug.

**2**

Lisa und Peter **fahren** mit dem Taxi.

Sophie und Diana fahren mit dem Schiff.

Michael und sein Vater fahren mit dem Fahrrad.

**3**

**4**

Diana, bitte geradeaus fahren!

Jakob, bitte rechts abbiegen!

Anna, bitte links abbiegen!

Michael, bitte anhalten!



## Wie kommen wir zur Schule?

**1**

Lisa **fährt** mit **der** U-Bahn **zur Schule**.

Jakob fährt mit der Straßenbahn zur Schule.

Diana fährt mit **dem** Bus zur Schule.

Anna, Michael und Paul **fahren** mit dem Auto zur Schule.

Buruk und Aisha fahren mit dem Fahrrad zur Schule.

Jakob, Maria und Ioannis gehen zu Fuß zur Schule.

**2**

**3**

Joshua steigt in den Zug ein.

Diana steigt in den Bus ein.

Aisha steigt in das Flugzeug ein.

Michael steigt in das Auto ein.

Lisa steigt aus der U-Bahn aus.

Jakob steigt aus der Straßenbahn aus.

Anna steigt aus dem Auto aus.

# Das Übungsheft „Willkommen in Deutschland“ II – Lösungen (Seite 56 – 59)

## Was kostet eine Fahrkarte?

**1**

**2**

der Freund — die Freundin

die Fahrkarte — die Fahrkarten

kosten — der Euro

**3**

10 zehn · 30 dreißig · 40 vierzig · 20 zwanzig · 70 siebzig · 80 achtzig · 50 fünfzig · 60 sechzig · 90 neunzig · 100 hundert

| | | | | | |
|---|---|---|---|---|---|
| 10 | zehn | 50 | fünfzig | | |
| 20 | zwanzig | 60 | sechzig | | |
| 30 | dreißig | 70 | siebzig | 90 | neunzig |
| 40 | vierzig | 80 | achtzig | 100 | hundert |

**4**

Diese Fahrkarte kostet zwanzig Euro. (20 €)

Diese Fahrkarte kostet sechzig Euro. (60 €)

Diese Fahrkarte kostet achtzig Euro. (80 €)

Diese Fahrkarten kosten achtzig Euro. (10 € + 70 €)

Diese Fahrkarten kosten siebzig Euro. (30 € + 40 €)



## Was ist dein Lieblingssport?

**1**

**2**

Aisha spielt am liebsten Tennis.

Ioannis spielt am liebsten Fußball.

Michael spielt am liebsten Handball.

David fährt am liebsten Fahrrad.

Karla fährt am liebsten Ski.

Sophie schwimmt am liebsten.

Jakob klettert am liebsten.

Leyla tanzt am liebsten.

Paul reitet am liebsten.

**3**

Wasser — Tiere — Musik

Warum macht ihr den Sport am liebsten?

Ich mag Wasser, deshalb schwimme ich am liebsten.

Ich mag Tiere, deshalb reite ich am liebsten.

Ich mag Musik, deshalb tanze ich am liebsten.

**4** *

Ich mag ______________________________



## Welchen Sport mag Lisa?

**1**

Ist dein Sport gefährlich?

Nein, er ist nicht gefährlich.

Gibt es Musik?

Ja, es gibt Musik.

Spielst du mit Bällen?

Nein, ich spiele nicht mit Bällen.

Ist dein Sport im Wasser?

Nein, mein Sport ist nicht im Wasser.

Ist dein Sport cool?

Ja, mein Sport ist richtig cool.

**2**

① k l e t t e r n

② s c h w i m m e n

③ T e n n i s s p i e l e n

④ H a n d b a l l s p i e l e n

⑤ F a h r r a d f a h r e n

⑥ F u ß b a l l s p i e l e n

⑦ S k i f a h r e n

⑧ r e i t e n

⑨ t a n z e n

Dein Sport ist eislaufen.



## Welchen Sport magst du nicht?

**1**

Jakob, du kletterst. Ich klettere auch.

Maria, du tanzt. Ich tanze auch.

Paul, du reitest. Ich reite auch.

**2**

Ich schwimme nicht gerne.

Ich spiele nicht gerne Tennis.

Ich spiele nicht gerne Handball.

**3**

# Das Übungsheft „Willkommen in Deutschland“ II – Lösungen (Seite 60 – 63)

## Wer kümmert sich um die Tiere?

**1**

Wir streicheln unsere Tiere.

**2**

Hoppel ist mein Hase. Er braucht den Stall.

Clementine ist meine Schildkröte. Sie braucht das Futter.

Bob ist mein Hund. Er braucht das Halsband und die Leine.

Mieze ist meine Katze. Sie hat ein weiches Fell. Sie braucht die Bürste.

**3**

der Stall — das Futter — das Fell

das Halsband — die Leine — streicheln

**4**

Hoppel ist mein Hase. Er braucht den Stall.

Clementine ist meine Schildkröte. Sie braucht das Futter.

Bob ist mein Hund. Er braucht das Halsband und die Leine.

Mieze ist meine Katze. Sie hat ein weiches Fell. Sie braucht die Bürste.



Haustiere, Akkusativ, Verben: 3. Person Singular, Personalpronomen, Possessivpronomen

## Wem gehört …?

**1**

das Mädchen, der Mann, die Frau, die Eltern, das Kind

die Katze, das Auto, die Wasserfarben, die Kreide

der Bau, der Föhn, die Kerze, der Fuchs, das Futter

**2**

das Kind — der Mann — die Wasserfarben

der Föhn — die Frau — die Kreide

die Eltern — der Bau — die Kerze

**3**

**Wem gehört das Futter? Es gehört der Katze.**

Wem gehört das Auto? Es gehört den Eltern.

Wem gehört der Bau? Er gehört dem Fuchs.

Wem gehört die Kerze? Sie gehört dem Mann.

Wem gehört die Kreide? Sie gehört der Frau.

Wem gehört der Föhn? Er gehört dem Mädchen.

Wem gehören die Wasserfarben? Sie gehören dem Kind.

Haus, Verben: 3. Person Singular / 3. Person Plural, Fragewort: wem, Possessivpronomen



## Was ist dein Hobby?

**1**

Was ist dein Hobby, Diana?

Mein Hobby ist malen.

Was ist dein Hobby, Paul?

Mein Hobby ist lesen.

Was ist dein Hobby, Ioannis?

Mein Hobby ist kochen.

Was ist dein Hobby, Sophie?

Mein Hobby ist schwimmen.

**2**

Was sind deine Hobbys, Lisa?

Meine Hobbys sind basteln und klettern.

Was sind deine Hobbys, Michael?

Meine Hobbys sind Fußball spielen und schlafen.

**3** *

Was sind deine Hobbys?



* individuelle Lösung

Hobbys, Fragewort: was, Possessivpronomen

## Was tun sie?

**1**

Die Spinne krabbelt. — Der Bär brüllt.

Die Katze schleicht. — Der Hund knurrt.

Die Schlange kriecht. — Die Maus friert.

**2**

Was macht der Bär? Er brüllt.

Was macht der Hund? Er knurrt.

Was macht die Spinne? Sie krabbelt.

Was macht die Schlange? Sie kriecht.

Was macht die Katze? Sie schleicht.

Was macht die Maus? Sie friert.

**3**

Könnt ihr das auch?

Wir brüllen!

Wir kriechen!

Wir krabbeln!

Wir knurren!

Wir frieren!

Wir schleichen!

Tiere, Verben: 3. Person Singular / 1. Person Plural, Fragewort: was

# Das Übungsheft „Willkommen in Deutschland" II – Lösungen (Seite 64)

**Weißt du Bescheid?**



① Wo bekomme ich Bücher?

- ☐ in der Metzgerei
- ☐ in der Bäckerei
- ☑ im Buchgeschäft

② Was kauft das Mädchen am Blumenstand?

Sie kauft Blumen.

③ Wer steigt in den Bus ein?

Lisa steigt in den Bus ein.

④ Wie viele Tische sind im Wohn-Möbel-Land?

- ☐ Es sind fünf Tische.
- ☑ Es sind zwei Tische.
- ☐ Es sind sieben Tische.

⑤ Was bekomme ich hier?

- ☑ Obst und Gemüse
- ☐ Fleisch und Wurst
- ☐ Brot und Brötchen

⑥** Wie ist das Wetter über dem Kleidergeschäft?

Die Sonne scheint. /

Es ist sonnig.

⑦ Was siehst du über der „Einkaufswelt"?

☐ einen Vogel ☐ eine Giraffe ☑ einen Regenbogen

⑧ Wem gehört der Hund?

☐ der Frau ☑ dem Mann ☐ dem Kind

⑨ Wo sind Anna und Michael?

Sie sind in der Küche.

⑩ Was gibt es an diesem Stand?

☑ Honig ☐ Eier ☐ Salz

⑪ Was macht der Junge?

☐ klettern ☑ Fahrrad fahren ☐ Ski fahren

⑫** Wie viele Enten schwimmen im Bach?

Es schwimmen drei Enten im Bach.

** **mehrere Lösungen möglich**

## Zu Hause

der Besen
das Bett
das Bild
der Boden
das Bügeleisen
die Ecke
der Fernseher

der Flur
der Herd
der Kühlschrank
die Lampe
der Schrank
die Schublade
der Sessel

das Sofa
das Telefon
der Teppich
der Tisch
der Topf
der Vorhang
die Wäsche

die Wäscheklammern
der Wäschekorb
die Wäscheleine
die Waschmaschine
die Wand

abstauben
abtrocknen
anziehen
aufhängen
aufräumen

aufstehen
bügeln
duschen
essen
föhnen

frühstücken
zur Schule gehen
gießen
kehren
kochen

leben
Hausaufgaben machen
putzen
schlafen
sortieren

spielen
spülen
staubsaugen
verbinden
waschen

öffnen
schließen
einschalten
ausschalten

brauchen
müssen
nicht verstehen

der Durst
der Hunger
das Pflaster
die Toilette
müde

das Mädchen
der Junge
die Frau
der Mann
das Kind

## Das Wetter

das Wetter
der Blitz
der Donner

das Gewitter
der Hagel
der Nebel

der Regen
der Schnee
die Sonne

der Sturm
der Wind
die Wolke

das Eis
die Pfütze
der Regenbogen
der Schneemann
der Schirm

das Thermometer
messen
heiß
kalt

schwitzen
frieren
beobachten

## Der Jahreskreis

das Jahr
die Jahreszeit

der Winter
der Frühling

der Sommer
der Herbst

der Monat
der Tag

die Woche
der Kalender

vorgestern
gestern
heute
morgen
übermorgen

## Der Jahreskreis

der Januar
der Februar
der März
der April
der Mai
der Juni
der Juli
der August
der September
der Oktober
der November
der Dezember

der Montag
der Dienstag
der Mittwoch
der Donnerstag
der Freitag
der Samstag
der Sonntag
das Wochenende

## Die Uhrzeit

die Uhr
die Uhrzeit
die Stunde
die Minute
die Zeiger
der große Zeiger
der kleine Zeiger

Wie spät ist es?
Es ist drei Uhr.

morgens
mittags
nachmittags
abends
nachts

## Verkehrsmittel

das Auto
der Bus
das Fahrrad
das Flugzeug
der Lastwagen
das Motorrad
das Schiff
die Straßenbahn
das Taxi
die U-Bahn
das Wohnmobil
der Zug

geradeaus
links
rechts
anhalten
einsteigen
aussteigen

schnell
langsam

der Freund
die Freundin
die Fahrkarte
der Euro
kosten

## Sport

Basketball spielen
eislaufen
Fahrrad fahren
Fußball spielen
Handball spielen
klettern
reiten
schwimmen
Ski fahren
tanzen
Tennis spielen
cool

Kannst du mir bitte helfen?
Das machst du gut.
Anna, du tanzt. Ich tanze auch.

das Wasser
die Musik

Ich spiele nicht gerne Tennis.

## Hobby und Freizeit

der Bau
die Eltern
das Fell
der Föhn
der Fuchs
das Futter
das Halsband
das Hobby
die Kerze
die Kreide
die Leine
der Stall
die Wasserfarben

brüllen
knurren
krabbeln
kriechen
schleichen
streicheln

Wem gehört das Auto?
Es gehört den Eltern.

Peter, Lisa, David, Diana, Ioannis, Sophie, Buruk, Leyla
Michael, Anna, Jakob, Maria, Joshua, Aisha, Paul, Karia

**1**

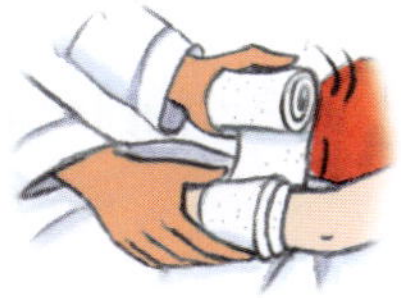

verbinden

föhnen

staubsaugen

gießen

abstauben

abtrocknen

**2**

Wer verbindet den Arm? — Ich verbinde den Arm.

Wer föhnt die Haare? — ______ ______________ ______________ ______________.

Wer staubsaugt den Teppich? — ______ ______________ ______________ ______________.

Wer gießt die Blumen? — ______ ______________ ______________ ______________.

Wer staubt den Schrank ab? — ______ ______________ ______________ ______________ ______.

Wer trocknet die Teller ab? — ______ ______________ ______________ ______________ ______.

**3**

Verbindest du den Arm, Diana? — Nein, Ioannis verbindet den Arm.

F______________ du die Haare, Anna? — Nein, Diana ______________ die Haare.

S______________ du den Teppich, Buruk? — Nein, Anna ______________ den Teppich.

Gießt______________ du die Blumen, Joshua? — Nein, Buruk ______________ die Blumen.

S______________ du den Schrank ab, Karia? — Nein, Joshua ______________ den Schrank ab.

T______________ du die Teller ab, Ioannis? — Nein, Karia ______________ die Teller ab.

**1**

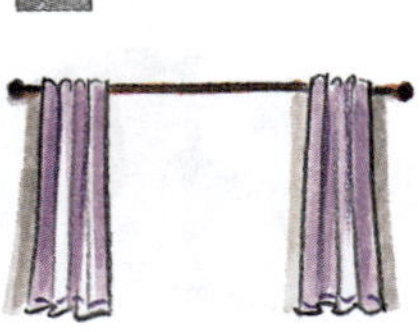 ______ Vorhänge  ______ Besen  ______ Schublade

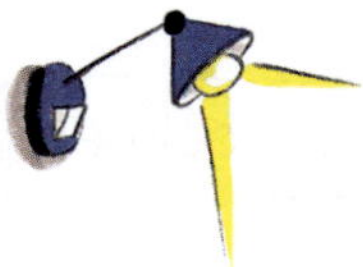 ______ Lampe  ______ Flur  ______ Ecke

**2**

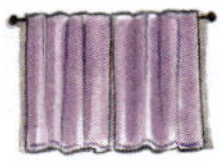 Bitte **öffne** die ____________________. 

 Bitte **schließe** die ____________________. 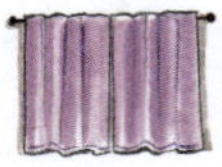

 Bitte **schalte** die ________________ **ein**. 

 Bitte **schalte** die ________________ **aus**. 

 Bitte **stelle** den Besen in den ____________. 

**3**

 Bitte stelle den ________________ in die ______________. 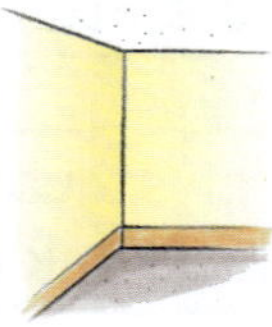

 Bitte ________________ die Lampe ________. 

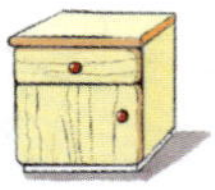 Bitte öffne die ________________________. 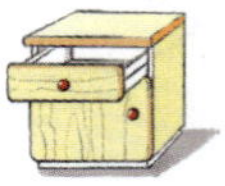

 Bitte ________________ die ________________________. 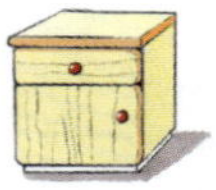

**4**

Bitte öffne die ____________________.

Bitte ______________ die ____________________.

Bitte ________________ die ________________________.

Bitte ________________ die ________________ ________.

Bitte ________________ die ________________ ________.

Bitte __________ den ______________ ______ ________ __________.

Bitte __________ den ______________ ______ ________ __________.

**1**

1. Anna **steht auf**.
2. Sie **duscht**.
3. Sie **zieht sich an**.
4. Sie **frühstückt**.
5. Sie **geht in die Schule**.
6. Sie **isst zu Mittag**.
7. Sie **spült**.
8. Sie **macht Hausaufgaben**.
9. Sie **spielt**.
10. Sie **isst zu Abend**.
11. Sie **putzt die Zähne**.
12. Sie **schläft**.

**2**

Ich stehe _______.

_____ _____________.

_____ _____________ mich _____.

_____ _____________________.

_____ _______ _______ _____ __________.

_____ esse _____ ______________.

_____ ______________.

_____ _______ ______________.

_____ ______________.

_____ _______ _____ ________.

_____ _______ _____ ________.

Ich schlafe.

**1**

**2** Karia, was ist los?

 ________ __________ meinen Teddy ________________.

 ________ ________________ ______ __________.

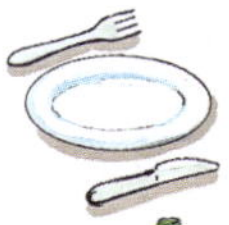 ________ __________ ______________.

 ________ __________ ______________.

 ________ ____________ ____________ spielen.

 ________ ______________ ______ __________.

 ________ ________ ______ ______ ______________.

 ________ ________ ______________.

**3** Lisa, ________ ______ ______?

 ________ __________ meine Puppe ______________.

 ________ __________ ________ ______________.

 ________ __________ ein Glas.

 ________ ________ meine Hände ______________.

1

Leyla, wie ist das Wetter?
Es gibt Wolken.
Jakob, wie ist das Wetter?
Es gibt Wind.
Karia, wie ist das Wetter?
Es gibt Nebel.
Anna, wie ist das Wetter?
Es gibt Regen.
Lisa, wie ist das Wetter?
Es gibt Schnee.
David, wie ist das Wetter?
Es gibt Hagel.
Ioannis, wie ist das Wetter?
Es gibt ein Gewitter.
Peter, wie ist das Wetter?
Die Sonne scheint.

2

3

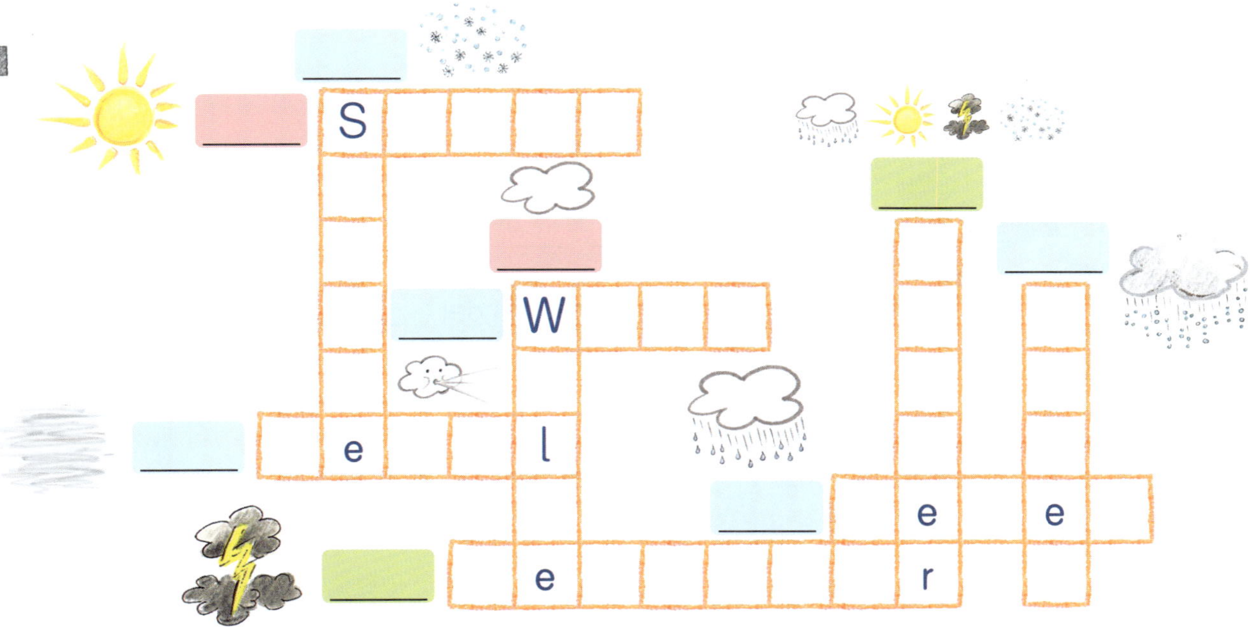
S
W
e
l
e
e
e
r

# Wie kann das Wetter sein?

**1**

Eis

Pfütze

Schneemann

Regenbogen

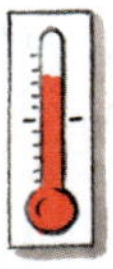

heiß

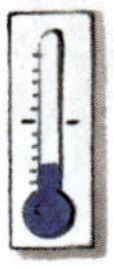

kalt

schwitzen

frieren

beobachten

**2**

 ________ ____________________

 ________ ____________________

 ________ ____________________

 ________ ____________________

 ____________________

 ____________________

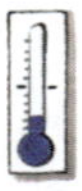 ____________________

 ____________________

 ____________________

**3**

Es ist __________.

Leyla, Aisha und Anna bauen einen ____________________.

Karia und Joshua ______________.

Es ist __________.

David und Sophie ____________________.

Sie essen ein __________.

Es ______________. ______ ______________ scheint.

Michael und Maria spielen in der ______________.

Sie ______________ einen ____________________.

**4**

Wie ist das Wetter?

________________________________________________________________

**1**

Am 4. April, **heute**, scheint die Sonne. Es ist warm. Wir **messen** 18°C auf dem **Thermometer**. Dann gibt es **Blitz** und **Donner**.

Am 5. April, **morgen**, gibt es Hagel. Es ist warm. Wir messen 25°C auf dem Thermometer.

Am 3. April, **gestern**, gab es **Sturm**. Es war kalt. Wir haben 5°C auf dem Thermometer gemessen.

**2**

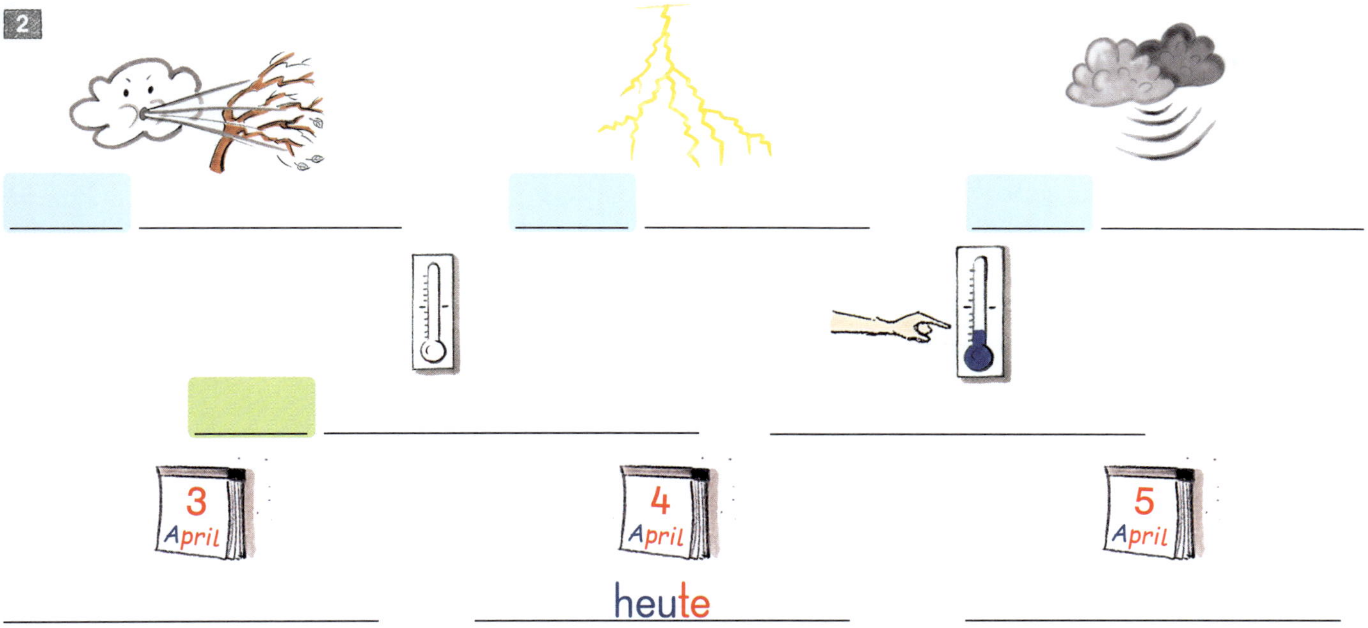


**3**

Es hagelt. | Es ist stürmisch. | der Blitz | Es schneit. | der Regen

Es blitzt. | der Hagel | der Wind | Es ist windig.

die Sonne | der Sturm | Es ist bewölkt. | der Schnee

Es ist sonnig. | die Wolke | der Donner | Es donnert. | Es regnet.

**1**

① Es regnet. ☐ ② Es schneit. ☐ ③ Es ist sonnig. ☐

④ Es blitzt und donnert. ☐ ⑤ Es ist bewölkt. ☐ ⑥ Es ist stürmisch. ☐

| | | | | | |
|---|---|---|---|---|---|
| | | | | | |
| 1 | 2 | 3 | 4 | 5 | 6 |

______ ______________

**2**

Leyla trägt **eine** Kappe, **ein** T-Shirt, **einen** Rock und Sandalen.

Wie ist das Wetter? Es ist sonnig und warm.

Anna trägt **eine** ______________, **einen** ______________, **eine** ______________,

______________________, ______________ und ______________________.

Wie ______ ______ ______________? Es ______________.

Karia trägt ______ ______________ und ______________.

______ ______ ______ ______________? Es ist ______________.

Jakob trägt ______ ______________, ______ ______________,

______ ______________, ______ ______________ und ______________.

______ ______ ______ ______________? Es ______________.

der Regenhut ~~der Rock~~ der Schal der Schirm die Hose die Jacke
~~die Kappe~~ die Mütze die Regenjacke das Kleid ~~das T-Shirt~~ die Jeans
~~die Sandalen~~ die Schuhe die Winterstiefel die Gummistiefel die Handschuhe

**1**

_____ _____________ _____ ____________________

_____ ____________________

_____ ____________________

_____ ____________________

_____ ____________________

**2**

Die erste Jahreszeit ist _____ ____________________.

_____ ________ ____________ _____ _____ ____________.

_____ ________ ____________ _____ _____ ____________.

_____ ________ ____________ _____ _____ ____________.

**3**

① Diana trägt ein Kleid,

weil **es** im ____________ warm ist.

② Anna trägt Handschuhe,

**weil** _____ _____ ____________ _______ _______.

③ Joshua trägt ein T-Shirt,

_____ _____ _____ ____________ _______ _______.

④ David trägt einen Schal,

_____ _____ _____ ____________ ____________ _______.

_____ 

| 1 | 2 | 3 | 4 |
|---|---|---|---|
| | | | |

**1**

Welche Jahreszeit magst du am liebsten?

Ich mag den ____________ am liebsten. Dann kann ich Ski fahren.

Ich mag den ____________ ______ ____________.

Dann ________ ________ Blumen pflücken.

______ ______ ______ ____________ ______ ____________.

Dann ________ ________ schwimmen gehen.

**2**

________ ____________ ______ ______ ______ ________, Paul?

Ich mag den ________ am liebsten. Dann kann ich Drachen steigen lassen.

**3**

David, wann ist dein Geburtstag?

Mein Geburtstag ist im ____________.

Lisa, ________ ______ ______ ____________?

________ ____________ ______ ______ ________.

Ioannis, ________ ______ ______ ____________?

________ ____________ ______ ______ ________.

Anna, ________ ______ ______ ____________?

________ ____________ ______ ______ ________.

**4**

Wann ist dein Geburtstag?

____________________________________________



Jahreszeiten, Verben: 1./3. Person Singular, Fragewort: wann

**1**

_____ __________  _____ __________  _____ __________

_____ __________  _____ __________

_____ __________  _____ __________

_____ __________  _____ __________

_____ __________  _____ __________  _____ __________

**2**

Im Winter sind der Dezember, der __________ und der __________.

Im Frühling sind _____ __________, _____ __________ und _____ __________.

Im Sommer sind _____ __________, _____ __________ und _____ __________.

Im Herbst sind _____ __________, _____ __________

und _____ __________.

**3**

Jakobs Geburtstag ist im Januar. 

Pauls __________ _____ _____ __________. 

Joshuas __________ _____ _____ __________. 

Dianas __________ _____ _____ __________. 

**1**

Ich mag den Monat Juli.
Ich kann __________ __________, weil es
☐ heiß ☐ windig ☐ kalt ist. Juli ist im Sommer.

Ich mag ______ __________ Oktober.
Ich kann __________ __________ __________, ________
______ ☐ heiß ☐ windig ☐ neblig ist.
__________ ist im __________.

______ ______ ______ __________ Januar.
______ ______ ______ __________, ______
______ ☐ Schnee gibt ☐ sonnig ist ☐ regnet.
__________ ______ ______ __________.

______ ______ ______ __________ April.
______ ______ im Garten ein Buch lesen, ______ ______
☐ bewölkt ☐ warm ☐ stürmisch ist.
__________ ______ ______ __________.

**2**

Ich mag ________________________________________.

Ich mag ________________________________________, weil

________________________________________________.

________________________________________________.



Monate, Jahreszeiten, Verben: 1. Person Singular, Adjektive, Kausalsätze

**1**

| ① Montag | ② Dienstag | ③ Mittwoch | ④ Donnerstag | ⑤ Freitag | ⑥ Samstag ⑦ Sonntag<br>⑧ Wochenende |
|---|---|---|---|---|---|
| Sophie<br> | Ioannis<br> | Anna<br>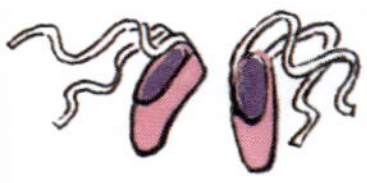 | Aisha<br> | Paul<br>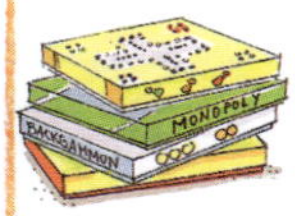 | Michael<br> |

**2**

① ______ ____________________  ⑤ ______ ____________________

② ______ ____________________  ⑥ ______ ____________________

③ ______ ____________________  ⑦ ______ ____________________

④ ______ ____________________  ⑧ ______ ____________________

**3**

Ich gehe am ____________________ tanzen.

Ich spiele ______ ____________________ mit Freunden.

______ spiele ______ ____________________ Fußball.

______ gehe ______ ____________________ schwimmen.

______ spiele ______

____________________ Basketball.

______ schlafe ______ ____________________

und am ____________________.

**1**

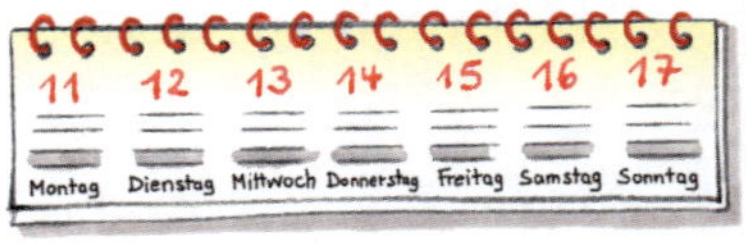

Dieser **Kalender** zeigt das **Jahr**.

Dieser ____________ zeigt den **Monat**.

Dieser ____________ zeigt die **Woche**.

Dieser ____________ zeigt den **Tag**.

**2**

______ ____________________ ______ Kalender

______ ____________________ ______ Jahre

______ ____________________ ______ Monate

______ ____________________ ______ Wochen

______ ____________________ ______ Tage

zeigen

er ________

**3**

______ ____________________

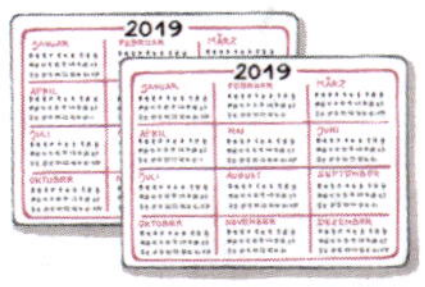

______ ____________________

______ ____________________

______ ____________________

______ ____________________

**4**

Jahreszeit Monate Wochentage

| | | | | | | | | | | | | | | | | | | | | | | | |
|---|---|---|---|---|---|---|---|---|---|---|---|---|---|---|---|---|---|---|---|---|---|---|---|
| D | e | z | e | m | b | e | r | M | | M | | M | A | u | g | u | s | t | F | | | | |
| | A | | | J | a | n | u | a | r | o | | i | | S | o | m | m | e | r | | H | | |
| | p | | | u | | | D | i | e | n | s | t | a | g | | | | | e | | e | | |
| F | r | ü | h | l | i | n | g | | | t | | t | | | | J | u | n | i | | r | | |
| | i | | M | i | S | a | m | s | t | a | g | w | | | | | O | k | t | o | b | e | r |
| | l | | ä | S | o | n | n | t | a | g | D | o | n | n | e | r | s | t | a | g | s | | |
| F | e | b | r | u | a | r | | | | | | c | W | i | n | t | e | r | g | | t | | |
| | | | z | N | o | v | e | m | b | e | r | h | | | S | e | p | t | e | m | b | e | r |

**1**

**vorgestern** | **gestern** | **heute** | **morgen** | **übermorgen**

**2**

5. Mai: Leyla und Buruk gehen heute ______________.

6. Mai: Sie spielen ______________ ______________.

7. Mai: Sie spielen ______________ ________ ______________.

4. Mai: Sie haben ___gestern___ ______________ gespielt.

3. Mai: Sie haben ______________ Bücher gelesen.

**3**

Was macht ihr **heute**?

Wir spielen ______________ Fußball.

________ __________ ______ **morgen**?

Wir spielen ______________ mit Freunden.

________ __________ ______ ______________?

Wir gehen ______________ schwimmen.

Was habt ihr **gestern** gemacht?

Wir haben ______________ Basketball gespielt.

________ __________ ______ ______________ ______________?

Wir haben ______________ Bücher gelesen.

**1**

der fünfte Monat

7.

der zweite Monat

12.

der siebte Monat

der dritte Monat

2.

4.

der neunte Monat

11.

5.

der sechste Monat

der achte Monat

9.

der zehnte Monat

der vierte Monat

3.

10.

6.

der erste Monat

8.

1.

der elfte Monat

der zwölfte Monat

**2**

Januar ist der erste Monat.

____________ ist der zweite Monat.

____________ ist der ____________ Monat.

____________ ist der ____________ Monat.

____________ ist der ____________ Monat.

____________ ist der ____________ Monat.

____________ ist der ____________ Monat.

____________ ist der ____________ Monat.

____________ ist der ____________ Monat.

____________ ist der ____________ Monat.

____________ ist der ____________ Monat.

____________ ist der ____________ Monat.

**1**

der zweite August

der sechste Dezember

der dritte Juni

der erste Februar

der fünfte Januar

der vierte Mai

der siebte Oktober

**2**

Montag ist der erste Februar.

__________ ist der ________ __________.

__________ ist der ________ __________.

__________ ist der ________ __________.

__________ _____ _____ ________ __________.

__________ _____ _____ ________ __________.

__________ _____ _____ ________ __________.

**3**

Welches Datum ist heute?

Heute ist der 7.10.2017.

Welches Datum ist heute?

________ _____

_____ __________.

Welches __________

ist __________?

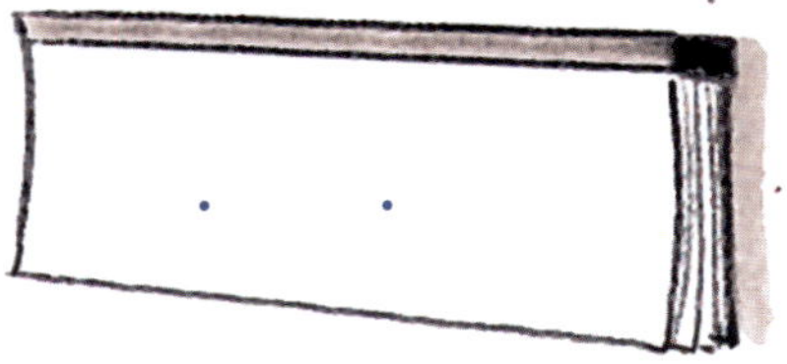

________ _____

_____ __________.

# Wie spät ist es?

1

Es ist ein Uhr.

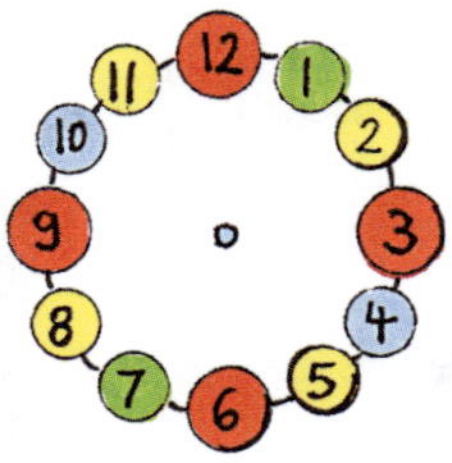
Es ist drei Uhr.

Es ist zehn Uhr.

Es ist zwei Uhr.

2

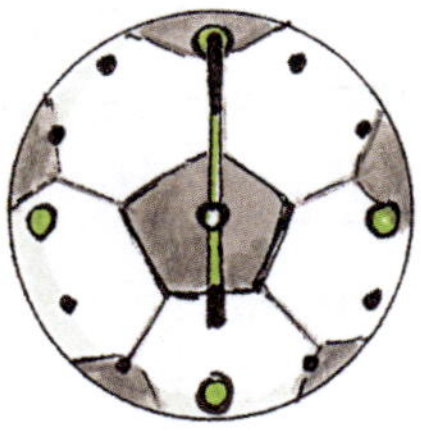
______ ______

______ ______

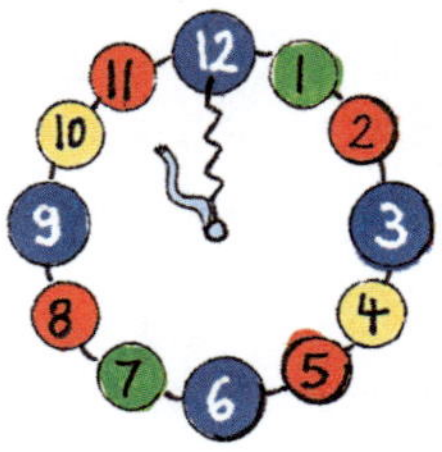
______ ______

______ ______

__________ ______. __________ ______. __________ ______. __________ ______.

3

Es ist __________ ________ morgens.
Ich gehe zur Schule.

Es ist __________ ________ mittags.
Ich esse mein Mittagessen.

Es ist __________ ________ nachmittags.
Ich mache meine Hausaufgaben.

Es ist __________ ________ abends.
Ich lese ein Buch.

Es ist __________ ________ nachts.
Ich schlafe.

4

Wie spät ist es?

 Es ist __________ Uhr ________________.

______ ________ ______ ______?  Es ist __________ Uhr ________________.

______ ________ ______ ______?  Es ist __________ Uhr ________________.

______ ________ ______ ______?  Es ist __________ Uhr ________________.

______ ________ ______ ______?  Es ist __________ Uhr ________________.

1

2

 „Wie spät ist es bitte?“

 „_____ _____ _____ _____ _____?“

 „_____ _____ _____ _____ _____?“

 „_____ _____ _____ _____ _____?“

 „_____ _____ _____ _____ _____?“

 „_____ _____ _____ _____.“

 „_____ _____ _____ _____.“

 „_____ _____ _____ _____.“

 „_____ _____ _____ _____.“

 „_____ _____ _____ _____.“

 „__________, _____ _____ __________.“

3

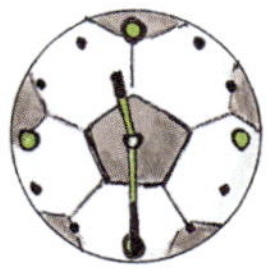 Es ist _____ _____.

 Es ist _____ _____.

 Es ist _____ _____.

 Es ist _____ _____.

**1**

die Uhr

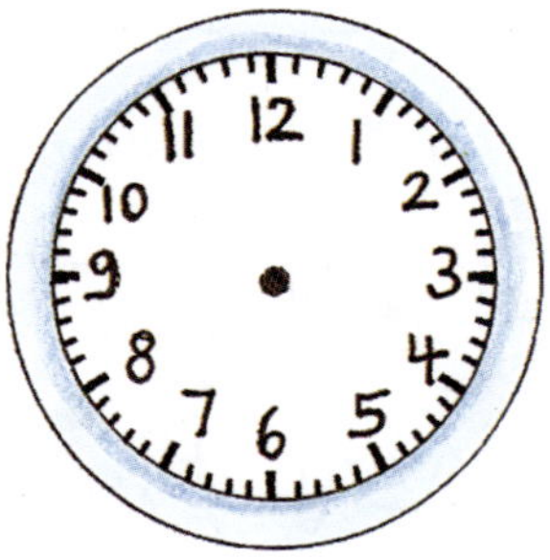

Uhrzeit

Stunde

Minute

der kleine Zeiger

der große Zeiger

die Zeiger

**2**

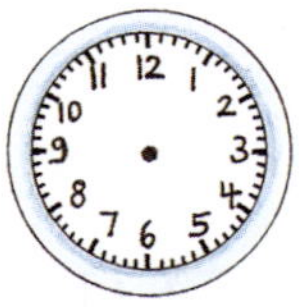

_____ ________   _____ ________   _____ ________   _____ ________

_____ ________ ________   _____ ________ ________   _____ ________

**3**

① Es ist Januar. T
Es ist Dezember. W
Es ist April. M

② Es ist Donnerstag. r
Es ist Freitag. o
Es ist Samstag. u

③ Es ist halb vier. d
Es ist zwölf Uhr. e
Es ist halb zwei. n

④ Es ist morgens. u
Es ist abends. s
Es ist mittags. t

⑤ Ioannis tanzt. w
Ioannis spielt. a
Ioannis liest. g

⑥ Es ist Frühling. g
Es ist Winter. r
Es ist Herbst. s

| 1 | 2 | 3 | 4 | 5 | 6 |
|---|---|---|---|---|---|
| | | | | | |

ist ein Tag der Woche.

1

2

schnell

 ____________________

 ____________________

 ____________________

 Motorrad

 U-Bahn

 Taxi

langsam

 ____________________

 ____________________

 ____________________

 Lastwagen

 Straßenbahn

 Wohnmobil

3

____________________

 ____________________

 ____________________

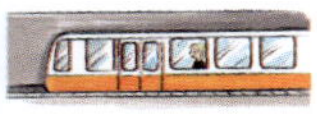 ____________________

____________________

 ____________________

 ____________________

 ____________________

**1**

Paul fährt **mit dem** Auto.

Joshua ______ ______ ______ ______.

Aisha fliegt ______ ______ ______. ⚠

**2**

Lisa und Peter **fahren** ______ ______ ______.

Sophie und Diana ______ ______ ______ ______.

Michael und sein Vater ______ ______ ______ ______.

**3**

**4**

Diana, bitte ______ fahren!

Jakob, ______ ______ abbiegen!

Anna, ______ ______ ______!

Michael, ______ ______!

**1**

Lisa **fährt** mit **der** U-Bahn **zur Schule**.

Jakob ______ ______ ______ ______

______ ______.

Diana fährt ______ **dem** ______ ______ ______.

Anna, Michael und Paul **fahren** ______ ______ ______

______ ______.

Buruk und Aisha ______ ______ ______ ______

______ ______.

Jakob, Maria und Ioannis gehen zu Fuß ______ ______.

**2**

**3**

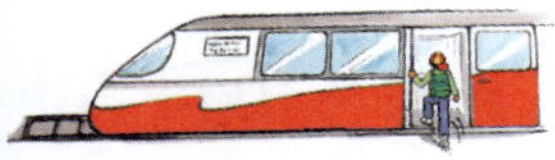
Joshua steigt in den Zug ein.

Diana ______ ______ den ______ ______.

Aisha ______ ______ das ______ ______.

Michael ______ ______ das ______ ______.

Lisa ______ aus der ______ aus.

Jakob ______ ______ der ______ ______.

Anna ______ ______ dem ______ ______.

# Was kostet eine Fahrkarte?

**1**

**2**

 ______ ______________

 ______ ______________

 ______________

 ______ ______________

 ______ ______________

 ______ ______________

**3**

10 zehn

30 dreißig

40 vierzig

20 zwanzig

70 siebzig

80 achtzig

50 fünfzig

60 sechzig

90 neunzig

100 hundert

10 ______________ 50 ______________

20 ______________ 60 ______________

30 ______________ 70 ______________ 90 ______________

40 ______________ 80 ______________ 100 ______________

**4**

Diese Fahrkarte kostet ______________ Euro. 20 €

Diese ______________ kostet ______________ Euro. 60 €

______ ______________ ______ ______________ ______. 80 €

Diese Fahrkarten kosten ______________ ______. 10 € + 70 €

______ ______________ ______ ______________ ______. 30 € + 40 €

**1**

Handball spielen

Tennis spielen

Fußball spielen

reiten

Fahrrad fahren

Ski fahren

schwimmen

klettern

tanzen

**2**

Aisha __spielt__ am liebsten ____Tennis____.

Ioannis ________ am liebsten ________________.

Michael ________ ____ __________ ________________.

David __fährt__ am liebsten ________________.

Karia ________ ____ __________ ________________.

Sophie schwimmt am liebsten.

Jakob ________________ ____ __________.

Leyla ________________ ____ __________.

Paul ________________ ____ __________.

**3**

Wasser

Tiere

Musik

Warum macht ihr den Sport am liebsten?

Ich mag __________, deshalb schwimme ich am liebsten.

Ich mag ______, ______ ______ ______ ______ ______.

Ich mag ______, ______ ______ ______ ______ ______.

**4**

Ich mag ________________________________________________

**1**

Ist dein Sport gefährlich?

Nein, er ist nicht ________________.

Gibt es Musik?

Ja, es gibt ____________.

Spielst du mit Bällen?

Nein, ich spiele nicht ______ ____________.

Ist dein Sport im Wasser?

Nein, mein Sport ist ___________ ________ ____________.

Ist dein Sport cool?

Ja, mein Sport ist richtig ___________.

**2**

Dein Sport ist ____________________.

1

Jakob, du kletterst.
Ich klettere auch.

Maria, du tanzt.

Ich ____________ ____________.

Paul, du reitest.

Ich ____________ ____________.

2

Ich schwimme nicht gerne.

Ich spiele nicht gerne ____________.

Ich ____________ ____________

____________ ____________.

3

1

2

Hoppel ist mein Hase. Er braucht **den Stall**.

Clementine ist meine Schildkröte. Sie braucht **das Futter**.

Bob ist mein Hund. Er braucht das **Halsband** und **die Leine**.

Mieze ist meine Katze. Sie hat ein weiches **Fell**.
Sie braucht **die Bürste**.

3

___ ___

___ ___

___ ___

___ ___

___ ___

___

4

Hoppel ___ ___ ___.
___ ___ ___ ___.

Clementine ___ ___ ___.
___ ___ ___ ___.

Bob ___ ___ ___. ___ ___
___ ___ ___ ___ ___.

Mieze ___ ___ ___. ___ ___ ___
___ ___. ___ ___ ___ ___.

**1**

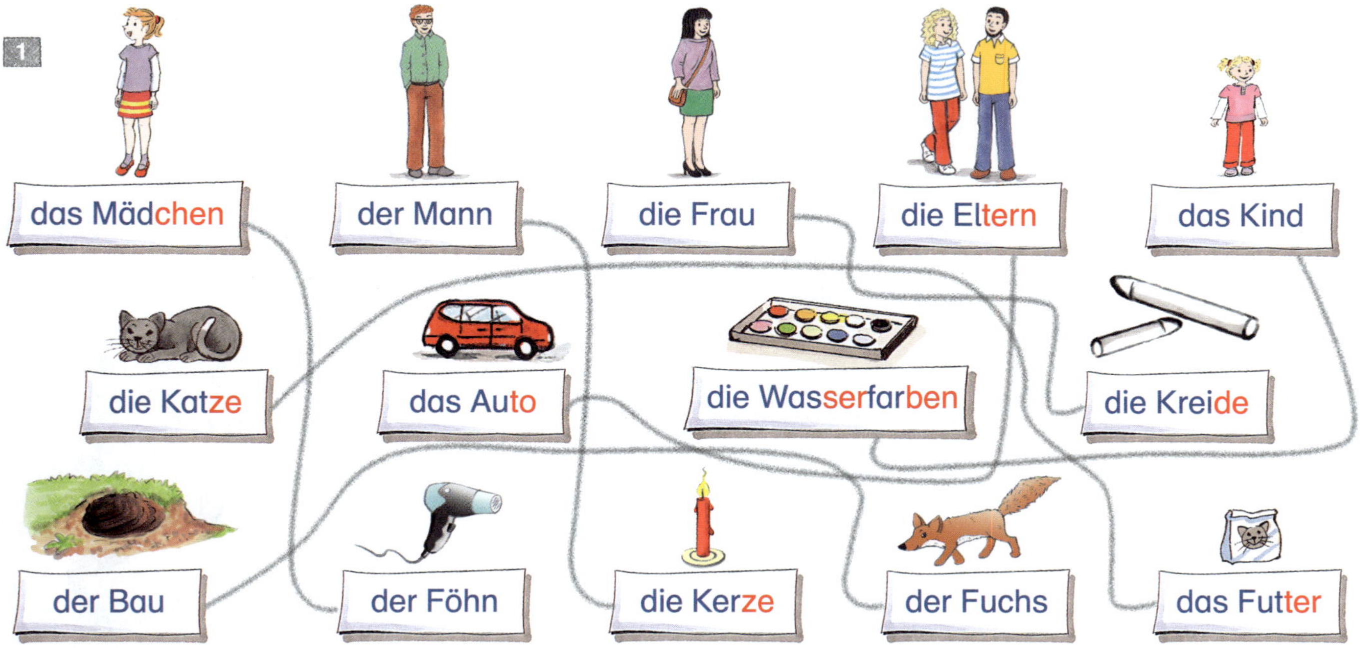


**2**

_____ __________

_____ __________

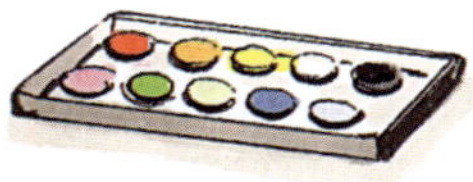

_____ __________

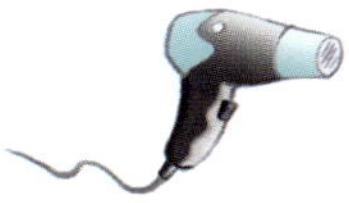

_____ __________

_____ __________

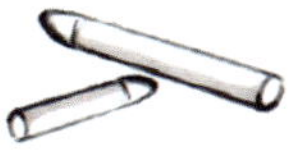

_____ __________

_____ __________

_____ __________

_____ __________

**3**

**Wem gehört** das Futter? **Es gehört** der Katze.

__________ __________ _____ Auto? _____ __________ den __________.

__________ __________ _____ Bau? Er __________ dem __________.

__________ __________ _____ Kerze? _____ __________ dem __________.

__________ __________ _____ Kreide? Sie __________ der __________.

__________ __________ _____ Föhn? _____ __________ dem __________.

__________ gehören _____ __________? Sie gehören dem __________.

**1**

Was ist dein Hobby, Diana?

Mein Hobby ist ______________.

Was ist ________ ____________, Paul?

Mein ____________ ______ ____________.

________ ______ ________ ____________, Ioannis?

________ __________ ______ ____________.

________ ______ ________ ____________, Sophie?

________ ____________ ______ ____________________.

**2**

________ sind deine Hobbys, Lisa?

Meine Hobbys sind ______________

________ ______________.

________ ________ ________ ____________, Michael?

__________ ____________ ________ ______________

____________ ________ ______________.

**3**

Was sind deine Hobbys?

________________________________________________

**1**

 Die ______ krabbelt.

 ______ ______ brüllt.

 ______ ______ schleicht.

 ______ ______ knurrt.

 ______ ______ kriecht.

 ______ ______ friert.

**2**

Was macht der Bär? Er ______.

______ ______ ______ ______? ______ ______.

______ ______ ______ ______? Sie ______.

______ ______ ______ ______? ______ ______.

______ ______ ______ ______? ______ ______.

______ ______ ______ ______? ______ ______.

**3**

Könnt ihr das auch?

Wir brüllen!

______ _ _ _ _ _ _ _ _ _ _ _!

______ _ _ _ _ _ _ _ _ _ _ _!

______ _ _ _ _ _ _ _ _ _ _!

______ _ _ _ _ _ _ _ _ _ _!

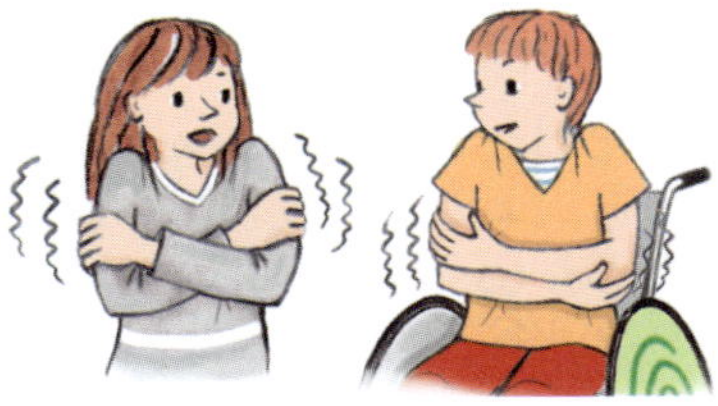

______ _ _ _ _ _ _ _ _ _ _ _ _ _!

① Wo bekomme ich Bücher?

- ☐ in der Metzgerei
- ☐ in der Bäckerei
- ☐ im Buchgeschäft

② Was kauft das Mädchen am Blumenstand?

Sie kauft ______________.

③ Wer steigt in den Bus ein?

__________ steigt ______ ______ ________ ______.

④ Wie viele Tische sind im Wohn-Möbel-Land?

- ☐ Es sind fünf Tische.
- ☐ Es sind zwei Tische.
- ☐ Es sind sieben Tische.

⑤ Was bekomme ich hier?

- ☐ Obst und Gemüse
- ☐ Fleisch und Wurst
- ☐ Brot und Brötchen

⑥ Wie ist das Wetter über dem Kleidergeschäft?

________ ____________ ____________.

⑦ Was siehst du über der „Einkaufswelt“?

☐ einen Vogel ☐ eine Giraffe ☐ einen Regenbogen

⑧ Wem gehört der Hund?

☐ der Frau ☐ dem Mann ☐ dem Kind

⑨ Wo sind Anna und Michael?

______ ________ ______ ______ __________.

⑩ Was gibt es an diesem Stand?

☐ Honig ☐ Eier ☐ Salz

⑪ Was macht der Junge?

☐ klettern ☐ Fahrrad fahren ☐ Ski fahren

⑫ Wie viele Enten schwimmen im Bach?

______________________________________.